Die Unterweisungen des

YOGI BHAJAN, Ph.D.

Die Macht
des gesprochenen Wortes

Die
Unterweisungen
des
Yogi Bhajan, Ph.D.

Die Macht
des gesprochenen Wortes

Veröffentlicht durch das
Kundalini Research Institute

Übersetzt und herausgegeben von
Dr. Ardass Singh Khalsa Wulf Splittstoeßer
Dr. Splittstoeßer Verlag

Umschlagfoto by Satsimran Kaur

Copyright des Originals:
1977 Siri Singh Sahib Bhai Sahib Harbhajan Singh Khalsa Yogiji,
entsprechend den internationalen und panamerikanischen Copyright Conventions.
Die Bibliografie des Originals:
Library of Congress Catalog Card Number: 76-56526

ISBN 0-895090-52-X

Bibliografische Information der Deutschen Bibliothek:
Die Deutsche Bibliothek verzeichnet diese Publikation in der Deutschen National-
bibliografie; detaillierte bibliografische Daten sind im Internet über http://dnb.ddb.de
abrufbar.

1. Auflage Mai 2004
Herstellung: Books on Demand GmbH, Norderstedt
© by Dr. Ardass Singh Khalsa Wulf Splittstoeßer
ISBN 3-934022-39-1

GEBET

Oh, Du grenzenloser Einer, es ist Deine Gnade, und die höchste Möglichkeit für unser Menschsein, dass wir hier zusammensitzen können und über Dich, oh Herr, nachdenken und Dich preisen können. Oh, Du schöpferisches Bewusstsein, oh, Kosmos, dieser Moment positiver Existenz, positiver Beziehung, positiver Liebe und Brüderlichkeit, dem wir uns hingeben, dies ist der höchste Lohn für das einzelne Menschenwesen auf diesem Planeten, und Du, oh Herr, bist es, der uns all dies gewährt. Dafür wollen wir danken. Mögen die Segnungen, die er über uns ergießt, uns gesund, glücklich und heilig machen, und mögen wir von da an in einem erhöhten Bewusstsein leben, im Bewusstsein universeller Liebe, im Bewusstsein des Friedens und der Harmonie. Gib uns die Kraft, Dich zu preisen. Gib uns die Kraft, Kanal zu sein, wahrhaftig in der Existenz des Heiligen Klanges (Holy Nam).

Sat Nam

INHALT

Alle Seitenendnoten sind, wenn nicht anders vermerkt, vom Übersetzer hinzugefügt.

Vorbemerkungen des Übersetzers

Als ich Yogi Bhajan vor Jahren in Hamburg zum ersten Mal traf, regnete es draußen in Strömen. Seine Sprache war und ist einfach, direkt und voller Humor. Seine Worte berühren das Herz, wie die Sonne die Seele.

Bei dem Bemühen seine Vorträge zu übersetzen, hatte ich die Wahl, sein gesprochenes Wort in eine geschliffene, den geschriebenen Texten gewöhnlich eigene Sprache zu übertragen oder der eher brüchig wirkenden, möglichst wörtlichen Übersetzung den Vorzug zu geben. Ganz bewusst habe ich mich dann für das Letztere entschieden. Diese Sätze, die zum Teil so ungewohnt stockend fließen, scheinen mir am ehesten seinen Geist direkt zu übertragen. Denn jedes Mal, wenn wir uns über diesen oder jenen Satz, über diese oder jene Wendung wundern und dabei verweilen, öffnen wir unseren Geist und machen uns bereit zu empfangen. Hunderte Male können wir so uns wieder und wieder öffnen und empfangen.

Zu diesem und jenem Punkt habe ich Yogi Bhajan befragt. Er hat mich stets aufs Neue ermutigt, meine Übersetzungen autorisiert, und ich bin dankbar, in ihm einen Lehrer zu haben, vor dem ich mich in Demut verneige.

Ich danke Gott für diese Begegnungen und bete darum, dass alle Fehler und Unklarheiten, die in diesen Texten noch enthalten sind, dazu führen mögen, dass sie unzählige Male besprochen werden und dass die ihnen zugrunde liegende Wahrheit dadurch noch klarer leuchten möge. Mögen wir alle in uns den Mut finden, bewusst die Verantwortung für unser Sein zu übernehmen, auf dass wir, unserem Vorbild getreu, andere ermutigen und ihnen zum Vorbild dienen können. Möge jeder Atemzug, jeder Gedanke, jedes Wort und jede Handlung voll des Segens sein. Mögen wir alle herausfinden, worin der Inhalt der Erkenntnis liegt: Du bist das Gebet Gottes.

Dr. W. Splittstoeßer
Ardass Singh Khalsa

Vorwort

Dieses Buch ist in der einzigen Absicht geschrieben, die Menschen aus einem negativen zu einem positiven Geisteszustand zu führen. Der Aufbau enthält eine spezielle Permutation und Kombination der Worte, sodass negative Gedankenwellen durchschnitten und die positive Polarität des menschlichen Verstandes getriggert wird. Die Wellenlänge der Gedanken, die in diesen Zeilen liegt, wurde so reproduziert, dass sie Negatives in Positives wandelt.

All die folgenden Worte begründen sich auf dem einen Prinzip: „Am Anfang war das Wort, und das Wort war bei Gott und Gott war das Wort." Die Worte aller Sätze wurden genauso gewählt, dass sie auf das Herzzentrum wirken, um das Mitgefühl zu fördern, auf das Halszentrum, um die Kommunikation zu verbessern, auf das Dritte Auge (Ajna), um so die Intuition der Person zu öffnen, und auf den tausendblättrigen Lotus (Sashra), um die Gedanken zu reinigen.

Die Worte dieses Buches sind für sich selbst eine komplette Meditation. Sie sollten wie ein Gospel gelesen werden. Dieses Buch enthält die verborgene Weisheit des Nadh, die Weisheit des immerwährenden Klanges. Diese Worte wurden aus dem Bewusstsein des Mahan Tantric[1] gesprochen. Für das Privileg, dass sie jetzt hier vorliegen, bin ich als ein menschliches Wesen hier und jetzt voll des Dankes zu Gott und Guru Ram Das.

---

[1] In der Tradition des Weißen Tantras gibt es jeweils nur einen einzigen Meister zu einer Zeit. Dieser, der Mahan Tantric, ist der alleinige Bewahrer der Tradition.

Die
Unterweisungen
des
Yogi Bhajan, Ph.D.

Die Macht
des gesprochenen Wortes

Einführung:
Sa – Ta – Na – Ma
MEDITATION

„Am Anfang war das Wort. Und das Wort war bei Gott.
Und das Wort war Gott. "

nach dem Evangelium des Johannes

Jedes Element des Universums befindet sich in einem stetigen Zustand des Schwingens, das sich uns als Licht, Klang und Energie manifestiert. Die menschlichen Sinne nehmen nur einen Bruchteil der grenzenlosen Weite des Schwingens wahr. Daher ist es schwer zu verstehen, dass das *Wort*, wie es in der Bibel erwähnt ist, in Wirklichkeit der Gesamtheit des Schwingens, dem alle Schöpfung unterliegt und das sie erhält, entspricht.

Durch den Gebrauch eines Mantras kann der Mensch sein eigenes Bewusstsein in das Bewusstsein in dieser Ganzheit einstimmen. Indem wir den Atemrhythmus mit einem bestimmten Klang, der proportional zum Schöpfungsklang bzw. zum Klangstrom ist, vibrieren, können wir unsere Empfindsamkeit auf das gesamte Spektrum dieser Vibration ausdehnen. Das ist etwa ähnlich dem Vorgang, wenn wir auf einem Streichinstrument eine Note anschlagen. Um es noch einmal anders zu sagen: Während du schwingst, schwingt das Universum auch mit dir. Durch die Anwendung eines Mantras, kannst du das Bewusstsein deiner selbst und in Bezug auf deine Umgebung anheben und konstruktiv daran arbeiten, beides zu verbessern. Das Mantra, das ich jetzt lehre, ist Sat Nam (Sa Ta Na Ma) und bedeutet manifestierte Wahrheit. Dieses Mantra, Sat Nam, wurde von Guru Nanak, dem ersten der zehn Gurus der Sikhs, vor über 475 Jahren gegeben. Es setzt sich aus den fünf primären Klängen zusammen. Die Vereinigung der Klänge ist der Gesamtheit und der Schöpfung proportional. *Sa* bedeutet Gesamtheit. *Ta* bedeutet Leben. *Na* bedeutet Tod und *Ma* bedeutet Wiedergeburt. Der fünfte Klang ist das *ah*, der Klang, der all diesen vier gemeinsam ist. Er ist der kreative Ton des Universums.

Während du das Mantra singst, sollst du mit der Spitze des Daumens im Rhythmus des Mantras jede Fingerspitze berühren, um die Energie durch die Nervenenden der Finger, die mit speziellen Gehirnzentren verbunden sind, auf die Intuition, die Vitalität und die Kommunikation zu lenken. Beim Klang *Sa* berühre mit dem Daumen den Zeigefinger, beim Klang *Ta* den zweiten Finger, beim *Na* den dritten und beim *Ma* den vierten Finger. Jeweils Sa–Ta–Na–Ma.

Du sollst das Mantra auf drei Weisen singen: zuerst laut, mit der Sprache des gewöhnlichen Menschen, dann flüsternd, in der Sprache der Liebhaber, und dann in Stille, nur in deinem eigenen Bewusstsein, mit der Sprache Gottes. Aus der Tiefe deiner stillen Meditation kehre dann zum Flüstern und schließlich zur normalen Stimme zurück. Während der ganzen Meditation, sollte jede Silbe des Mantras gleichsam von der Spitze des Hinterkopfes hinab und dann geradewegs aus dem Dritten Auge projiziert werden, welches zwischen den Augenbrauen oberhalb der Nasenwurzel gelegen ist.

Sitze mit gekreuzten Beinen in einer bequemen Position. Halte den Rücken gerade. Zunächst singe das Mantra für fünf Minuten laut, dann flüstere fünf Minuten, und dann meditiere in Stille, während du die Silben des Mantras zehn Minuten lang in deinem Inneren wiederholst. Anschließend singe das Mantra wieder flüsternd für fünf Minuten und weitere fünf Minuten laut. Jetzt atme ein und strecke die Arme in die Höhe. Halte die Position und atme aus. Atme nochmals ein und wieder aus und dann entspanne dich. Die gesamte Zeit dieser Übung beträgt einunddreißig Minuten.

Wenn du diese Technik anwendest, kannst du deine eigene Grenzenlosigkeit erfahren. Indem du kannst die Grenzen deiner eigenen weltlichen Existenz überschreitest kannst du erfahren, was jenseits von Worten und Begriffen liegt.

Wenn du zwei Stunden am Tag in Meditation verbringst, wird Gott dich den Rest des Tages meditieren.

GEBET

Oh, Du grenzenloser Einer, es ist Deine Gnade und die höchste Möglichkeit für unser Menschsein, dass wir hier zusammensitzen können und über Dich, oh Herr, nachdenken und Dich preisen können. Oh, Du schöpferisches Bewusstsein, oh, Kosmos, dieser Moment positiver Existenz, positiver Beziehung, positiver Liebe und Brüderlichkeit, dem wir uns hingeben, dies ist der höchste Lohn für das einzelne Menschenwesen auf diesem Planeten, und Du, oh Herr, bist es, der uns all dies gewährt. Dafür wollen wir danken. Mögen die Segnungen, die er über uns ergießt, uns gesund, glücklich und heilig machen, und mögen wir von da an in einem erhöhten Bewusstsein leben, im Bewusstsein universeller Liebe, im Bewusstsein des Friedens und der Harmonie. Gib uns die Kraft, Dich zu preisen. Gib uns die Kraft, Kanal zu sein, wahrhaftig in der Existenz des Heiligen Klanges (Holy Nam).

Sat Nam

Wort

Word

Die Zeit ist jetzt und jetzt ist die Zeit. 1

Das größte Mantra[2] dieses Zeitalters heißt „keep up" 2
(Halt durch! Bleib dran!).

Die höchste und wirkungsvollste Energie auf diesem Planeten ist 3
das Wort. Da gibt es nichts, was darüber hinausgeht. Da wird es
nichts geben, was je mehr vermag, und es gab nie etwas, das mehr
vermochte. Aus diesem Grunde müssen wir ganz bewusst die Macht
des Wortes verstehen. Wenn wir die Macht des Wortes verstehen
und unseren ganzen Verstand hinter das Wort stellen, dann vermögen wir ein Wort zu schöpfen, das die gesamte Welt für uns erschaffen kann.

Derjenige, der es nicht versteht, seinem Wort getreu zu leben, ver- 4
steht überhaupt nicht zu leben. So wird er niemals dem Glück begegnen, weil das Wort mit Gott war. Das Wort erschuf diese Welt.
Aber wenn du das Wort ehrst, wirst du in dieser Welt geehrt sein.

---

[2] Mantra = man-tra = ma na ta ra bedeutet: Zügel des Geistes, gleichsam ein respektiertes Wort und ist auch zu verstehen als:
was der Verstand im Jetzt lebendig wahrnimmt.

Das Unterbewusstsein gelangt zu einer bestimmten Vorstellung.   5
Diese Vorstellung bewirkt eine ständige Veränderung des Bewusstseins, die durch die Zeit nicht gelöscht werden kann. Aus diesem Grunde gab Gott den Menschen die ersten weisen Worte. „I am, I am – Ich bin, ich bin." Doch der Mensch ist solch ein narrenhaftes Wesen, dass er nur die Hälfte davon im Gedächtnis behält. „Ich bin, ich bin" bedeutet, ich bin, weil ich bin. Ich bin aus der Existenz des Ich bin. Ich bin ein Geschöpf, weil es einen Schöpfer gibt. „Ich bin, ich bin.
God and me, me and God are one – Gott und ich, ich und Gott sind eins. Genau das ist es, was „Ich bin, ich bin" bedeutet.

Ohne die Kraft des Sprechens und ohne die Kraft der Stille – wenn   6
es dir gelingt, in diesem Moment ganz ohne Kraft zu sein, vielleicht antwortet Er dann schneller, als du denkst. Erlaube deinem Verstand, meditativ zu werden, reinige dich selbst. Weder dein Körper noch deine Besitzungen, nichts wird ewig bestehen. Darum beginne in diesem Moment, für den ganzen Tag, deine Energie würdevoll dafür einzusetzen, dass Unwahrnehmbare wahrzunehmen, das Unhörbare zu hören und das nicht Sichtbare zu sehen. Er ist es, der ungesehen ist, aber du bist ein Teil von Ihm und Er ist ein Teil von dir. Bemühe dich ganz bewusst, deinen Körper, deinen Verstand und deine Seele hinzugeben. Es mag sein, dass Er deine Gabe annimmt, es mag sein, dass Er sie nicht annimmt.

Heute besteht die Schönheit deines Wesens darin, dass du das Prin-   7
zip akzeptierst, dass es kein Prinzip gibt. Werde schutzlos, lass alles gehen. Reduziere dich selbst zu nichts, arbeite an deinem Verstand und setze ihn so unter Druck, mehr und mehr und mehr und mehr – bis zur Erkenntnis des Nichts. Ich war, ich war nicht. Ich bin, ich bin nicht, ich werde sein, ich werde nicht sein. All das ist deins, der Ruhm ist deiner, die Natur ist deine, was dich umgibt, ist deins, die Welt ist dein. Ich bin dein, all das Unbekannte, immer, bis in das Unbekannte. Mache dein Bewusstsein leicht, bis zum totalen Nichts. Ich war nicht, ich bin nicht, ich werde nicht sein. Erlaube nicht, dass dein Verstand dich betrügt, denn dein Verstand und deine Seele müssen sich zu dieser Zeit miteinander vereinen.

Wo ist der Guru?[3] Überall. Wenn jemand zu dir die Wahrheit spricht, so ist das ein Guru. Vergiss, wer da zu dir spricht. Das wahre Wort, die wahre Schwingung, das wahre Zeichen, das ist der wahre Führer.

8

Die Inhalte der Lehren werden oft durch Rituale und den zeitlichen Umgang verdreht. Das geschieht, wenn die Menschen, die zwar jene Lehren kennen, sie dennoch nicht als ihres Lebens Erfahrung im Leben ausdrücken.

9

Sa, Re, Ga, Ma, Pa, Da, Ni

10

Was ist das grundlegende Wort? Es gibt sieben grundlegende Klänge, in denen alle wirksam klingende Musik des Menschen aufgezeichnet ist: Sa, Re, Ga, Ma, Pa, Da, Ni – das ist alles. In diesen sieben Klängen ist alle Musik des ganzen Universums und alle Kommunikation aufgezeichnet und geschrieben. Von diesen sieben primären Klängen sind fünf ursprüngliche Klänge. In diesen fünf ursprünglichen Klängen liegt das eine ursprüngliche Wort. Es war zu Beginn, es ist jetzt, und es wird ewig sein.

Worte sollten niemals Routine sein. Worte existieren im grenzenlosen Anfang einer jeden Person. Mit Worten machst du Freunde, mit Worten erreichst du dich selbst, mit Worten kannst du Menschen schmähen, mit Worten kannst du Menschen preisen, mit Worten kannst du allmächtig werden, mit Worten kannst du einfach nutzlos werden. Jedes Wort, das du sprichst, hat eine Schwingung. Diese bringt dir, was du hast und dessen du bedarfst. Also sei sehr achtsam, wenn du ein Wort sprichst. Denn ein einzelnes gesprochenes Wort vermag dein Schicksal zu erfüllen oder zu verderben. Am Anfang ist das Wort, doch wenn du dein Herz da hineinlegst, so wird das Wort allumfassend, es wird Liebe: Liebe ohne das Herz ist einfach Lust.

11

---

[3] Guru bedeutet: der Weg vom Dunkel ins Licht.

Es wird eine Zeit kommen, da kannst du das Unhörbare hören, das Unsichtbare sehen und das Unbekannte wissen. Wie groß wird der Wandel in deiner Persönlichkeit und in deinem Leben sein, in deinem Verhalten, in deiner Existenz auf diesem Planeten und in der Ganzheit, in der du Freude und Glück erfahren kannst! Worte können das nicht erklären, denn es wird deine Erfahrung sein. Karamell ist süß. Wie süß ist es? Ich kann es nicht sagen. Derjenige, der Karamell gegessen hat, der weiß, wie süß es ist. Und genauso wie du die Süße des Karamells nicht in Worten ausdrücken kannst – du kannst nur einfach sagen, dass es süß ist –, so vermagst du auch nicht, die Freude deiner lebendigen Existenz in Worte zu fassen, wenn du die Energie aus deiner eigenen Kraft erzeugst.

Sa Ta Na Ma

Sa Ta Na Ma ist die Vereinigung eines bestimmten Klanges. Was passiert, wenn du deine physische Energie einbringst, einen bestimmten Klang zu erzeugen? Die Zunge wird eingestellt, ihn zu sprechen. Den Ohren wird mitgeteilt, ihn zu hören. Die Augen schließen sich, um auf ihn zu meditieren. Das äußere Selbst wird gezwungen, auf der Ebene des inneren Selbst zu kommunizieren, und die Vereinigung wird stattfinden.

Das größte Geschenk, das einem Menschen in seinem Leben gegeben werden kann, ist, dass er das Wort von der Zunge einer Person vernimmt, die dasselbe wahrhaftig, im Geiste, voll bewusst glaubt und praktiziert. Jedwede Kommunikation, die jenseits des Zweifels sich ereignet, ist höchst wirkungsvoll.

Der Begriff Wort meint nicht nur das, was du sprichst, sondern deinen ganzen Ausdruck. Alles, was du wahrnimmst, durch die Augen, durch die Ohren, wenn du den Geruch einer Rose im Garten wahrnimmst, was sagst du da? Was ist der Hauptzug dieser Kommunikation? Wie ist er zu dir kommuniziert worden? Wer kommuniziert mit wem? Das Selbst kommuniziert mit dem inneren Selbst, mit deinem eigenen Selbst. Das strukturierte Selbst kommuniziert mit dem inneren Selbst. Und wer antwortet auf die Kommunikation? Du selbst. Dann stellt sich die Frage: Was liegt jenseits deines Selbst? Nichts. Dann aber – warum handelst du so verrückt und ärgerlich gegenüber anderen Menschen? Was kann dir das jemals geben?

Für einen jeden, der sein Leben zur Weite des wahren Wortes hin   15
bis in die Unendlichkeit erstreckt, wird diese Welt zu klein werden.
Sie wird ihm so klein erscheinen wie ein Pingpongball. Das ganze
Universum wird nach den Worten dieses Menschen tanzen. Das ist
der Schwingungseffekt, den ein Individuum besitzt. Das ist so, weil
deine wahre Bestimmung die Grenzenlosigkeit ist. Dein Anfang ist
in der Grenzenlosigkeit begründet. Du hast nur dann Schwierigkeiten in deinem Sein, wenn du noch nicht wahrgenommen hast,
dass du die Grenzenlosigkeit verkörperst. Wenn du die *infinity
within the finite*, die in Fassbarem Gestalt gewordene Unendlichkeit
realisierst, d. h. begreifst und verwirklichst, dann erweitert sich der
Geist. Das ist die Wirklichkeit des Geistes.

Die Mischung deiner Seele, deines Geistes und deines Körpers be-   16
wirkt, dass du sprichst. Darin liegt die Kunst der Schwingung. Wenn
dein Verstand ausgeschaltet ist, dann kannst du nicht feinfühlig
sprechen. Wenn deine Seele nicht dabei ist, dann existierst du nicht.
Daher ist es also die Mischung dieser drei, die bewirkt, dass du
schwingst. Du bist sowieso in Schwingung, aber die Schwingung in
der Form der Kommunikation wird wirkungsvoll wahrgenommen,
wenn du sprichst. Das Wort war bei Gott. Und Gott kommunizierte
mittels Maya[4], um das Universum und seine wunderbaren Schönhei-
ten zu erschaffen. Das Wort ist mit dir. Kommuniziere, um deine
eigene Welt zu erschaffen.

Der Mensch muss verstehen, dass er ein Zentrum der universalen   17
Seele ist, weil er ein Teil der universalen Seele ist. Ohne ihn ist das
Wort nichts Erhabenes. Er ist nicht erhaben ohne das Wort.

Wenn du auf den ersten Klang, den *primal sound*, den Urknall, die   18
Ersterregung des Universums meditierst, wirst du das Ungesehene
sehen und das Ungehörte hören und das Nichtfühlbare wahrnehmen.

---

[4]   **Maya** bezeichnet **die begrenzenden Aspekte Gottes**, die erfahren werden als Wandlung oder Täuschung bzw. Illusion. Ihre Facetten sind **Kala**, die Kraft **Vidya**, Wissen, **Raga**, Sehnen, Wollen, **Kaala** Zeit, **Niyati**, Raum. Im 29. Vers des *Jap-Ji*, des Gesangs der Seele, der von Guru Nanak verfasst wurde und zum täglichen Morgengebet der Sikhs gehört, heißt es: Einige glauben, dass Maya, der Mutter, drei göttliche Kinder gehören: Eines erschafft, eines erhält und eines wird wieder zerstören. Doch handeln sie nicht aus eigenem Ermessen, sondern müssen Gottes Willen hören. Er sieht uns alle, niemand sieht ihn, doch wundervoll wird er uns führen.

Alles, was du in deinem ganzen Leben zu tun hast, ist, dich mit dem einen Wort zu verbinden, durch das du wahrzunehmen vermagst, dass deine begrenzte Persönlichkeit mit dem Grenzenlosen verbunden ist. Das ist wirklich alles, was du brauchst. Lern das, durch welche Religion auch immer, durch irgendeinen Yoga-Meister, durch irgendeinen Swami, durch irgendeinen Fleischer, durch irgendjemanden, aber lerne es. Es spielt gar keine Rolle, von wem du es lernst, aber lerne es! Das ist der Grund, warum sie sagen: „Da ist dieser gewöhnliche, gewöhnliche Mensch, den niemand kennt. Doch wenn er auf das Nam meditiert, da werden sich die vier Enden der Welt vor ihm verneigen."

19

Das Wort war bei Gott und das Wort wird mit dir sein. Ursache wird Wirkung haben, Sequenz wird zu Konsequenz leiten, Folge wird zu Folge leiten.

20

Sprechen ist nicht einfach gleich sprechen. Sprechen ist eine Mischung der Dreifaltigkeit der Person und verkörpert die Schwingungswirkung des Menschen. Wenn du dich daran erinnerst, dass Gott auf der Zungenspitze des Menschen sitzt, so wirst du sehr bedacht mit deiner Zungenspitze umgehen. Die Zunge ist nicht irgendein unbedeutendes Ding, selbst wenn sie doch einfach inmitten von zweiunddreißig Zähnen sich befindet. Sie ist der beweglichste Teil des ganzen Körpers, der empfindlichste Teil des Körpers, genauso wie der wirksamste Teil des Körpers. Ein Wort, das du mit der Zunge sprichst, kann ein Herz durchschneiden, auf eine solche Art, dass es keine Medizin je heilen könnte. Die Süße der Zunge kann dir allen Besitz dieser Welt bringen.

21

Jedes Wort, das du sprichst, existiert. Es ist von da an da. Es ist eine Schwingung. Das Wort ist eine Ursache und eine Wirkung. Niemand kann des Wortes Wirkung je entkommen. Es ist unsere grundsätzliche Pflicht zu begreifen, dass wir der Wirkung des Wortes niemals entkommen.

22

Ich weiß von einem Mann, der zu sagen pflegte: „Gott segne dich. Möge deine Gesundheit wiederhergestellt werden." Er war voll vieler Tugenden. Menschen mit vielerlei Krankheiten, von denen wir uns nicht vorstellen können, dass sie jemals geheilt werden würden, pflegten durch sein Wort geheilt zu werden. Also wuchs mein Interesse, diesen Menschen zu studieren. Zu meiner Überraschung benutzte er ein einziges Wort, wann immer er sprach. Und dieses Wort war *tuhi, tuhi, tuhi* – „Gott, Gott, Gott!" Würdest du ihm Speise bringen, würde er sagen: „Gott, Gott, Gott!"; würdest du ihm Wasser geben, so würde er sprechen: „Gott, Gott, Gott!"; würdest du ihn schlagen, so spräche er: „Gott, Gott, Gott!" Jede Erfahrung durchschritt er sprechend: „Gott, Gott, Gott!" Wenn er von Menschen gebeten wurde, einen Kranken zu besuchen, so war alles, was er sagte: „Durch die Gnade Gottes, sei gesund, seine Güte sei über dir." Es brauchte eine Stunde, zwei Stunden, drei Stunden, dann würde der Kranke sich erheben. Das ist die Macht der Schwingung. Du sprichst durch deinen Geist und nicht nur durch die Zunge. Wenn du mit der Zunge sprichst, so ist doch ein Geist dahinter, geistige Gedanken. Wir würdigen diese geistigen Gedanken nicht genug. Wenn der Geist mit dem Mantra, das du singst, schwingt, klingt, wird die Wirkung ungeheuer, exakt und wunderbar sein. Wenn du sprichst: „Ek", so sollte dir das ganze Universum als das Eine erscheinen. Wenn du sprichst: „Ong", dann sollte sich der Frühling auftun und die Samen im Universum sich dir entfalten. Wenn du sprichst: „Kar", dann sollten Mond, Sonne, Sterne und jedes wunderbare Ding, das jemals in deinen geistigen Schöpfungen gelebt hat, vor dir Gestalt annehmen. Wenn du sprichst: „Sat", dann solltest du dich erleuchtet fühlen. „Nam" sollte dir deine Existenz in Bescheidenheit und Demut geben. „Siri" sollte bewirken, dass du das Wunder dieser Schöpfung bewusst würdigst. Danach solltest du in Ekstase fallen, wenn du sprichst: „Wha", und die totale Verschmelzung sollte geschehen, wenn du dann sprichst: „Guru". Wenn du dich, während du ein Mantra singst, in jeder Phase deines Wesens darum bemühst, dass die Aussprache von deinem Geist getragen wird, so vermag ich nicht zu beschreiben, was du dann wahrhaft sein kannst.

Gott sitzt auf der Zungenspitze des heiligen Menschen. Wenn der heilige Mensch spricht, so wird Gott ein Sklave seiner Worte. Denke daran, was Johannes gesagt hat: „Am Anfang war das Wort und das Wort war mit Gott und das Wort war Gott." 24

Ein Mensch kann nach der Schwingung, die er verbreitet, beurteilt werden. Nach der Sprache, die er spricht und nach der Weise, wie er mit anderen Menschen in Verbindung tritt. An der Art, wie sie einen einzigen Satz spricht, kannst du eine Person erkennen. Du kannst wissen, wie göttlich sie ist. Wenn ein Mensch eine universale Sprache spricht, so lebt er im universalen Bewusstsein. 25

Wenn deine Worte die Stärke der Unendlichkeit in sich tragen und du sie selbst würdigst und sie kraftvoll sind, dann kennst du das Größte des Großen. Wenn du deine Worte nicht achtest, so hast du selbst keinen Wert. Dein eigenes Wort ist dein Wert als menschliches Wesen. Dein Wort ist dein Wert. Am Anfang war das Wort und das Wort war bei Gott und das Wort war Gott. 26

Ein beschmutzter Verstand besudelt den Sinn für das Selbst. Und manchmal ist das Selbst so getäuscht, dass der Selbstrespekt verloren geht. Wenn der Selbstrespekt verloren ist, dann ist die Würde verloren. Wenn die Würde verloren ist, dann ist das Wort verloren. Wenn das Wort verloren ist, dann ist die Chance der Hingabe verloren. Hingabe, Selbstaufopferung, kann nur dann geschehen, wenn du das Wort verstehst. Wenn du ein Versprechen gibst, so musst du danach leben. Wenn du dich verpflichtest, musst du dich entsprechend verhalten. Wenn du weißt, dass etwas wahr ist, dann musst du danach leben. Und wenn du das nicht vermagst, was sonst könntest du tun? 27

Alles muss sich wandeln, das ist das Gesetz des Universums. Aber   28
du wirst dich entweder nach deinen höheren Werten wandeln oder
nach deinen geringeren Werten. Wenn du dich nach deinen höheren
Werten wandelst, so wirst du für das Wort leben. Wenn du für deine
niedrigeren Werte lebst, wirst du dein eigenes Wort betrügen.

Wenn du dein eigenes Wort betrügst, dann betrügst du deinen   29
eigenen Entwurf. Und wenn du deinen eigenen Entwurf betrügst,
dann wird das gesamte Universum nichts anderes vermögen, als dich
zu betrügen.

Der Mensch muss in seiner eigenen Tiefe verstehen, dass in ihm   30
selbst das Wort liegt, dass er ausschließlich in sich selbst erfahren
muss. Ohne diese Erkenntnis und diese Erfahrung, gibt es keine
mukti, keine Befreiung. Ein Lehrer kann dir stets das technische
Know-how vermitteln. Er kann dich die Techniken lehren, aber
nicht die Erfahrung. Er wird dabeistehen, und die Erfahrung wird
geschehen. Sei freundlich zu ihm, liebe ihn, respektiere ihn, erweise
ihm Verehrung. Gib ihm Geschenke, tu, was du willst – ich kümmere mich nicht darum, was du tust, denn tust du es ausschließlich aus
dem einen Grunde, dich selbst darin zu befriedigen.

Diejenigen, die es nicht verstehen, gemäß ihren Worten zu leben,   31
werden niemals die Erkenntnis Gottes erlangen.

Liebe

Love

Verstehen und Demut führen zur Perfektion der Liebe, und Gott ist   32
Liebe.

Männliches und weibliches Prinzip werden eine Einheit, und diese   33
vollständige Vereinigung ist das höchste Yoga.

Ehe bedeutet, dass es da zwei Körper gibt, aber nur eine Seele.

In dem Moment, in dem du das Wesen eines Individuums zu lieben   34
vermagst, dann liebst du das Göttliche des Individuums.

Liebe ist das Erfahren der Hingabe an das Selbst eines Menschen.   35

Warum kannst du nicht einen jeden lieben? Du bist intolerant. Du   36
musst lernen, dein Temperament zu zügeln. Du musst lernen,
niemanden zu schmähen. Du musst lernen, Geduld zu haben und du
musst lernen, demütig zu sein.

Liebe ist ein Opfer. Liebe ist keine Projektion; Liebe ist eine Anziehungskraft. 37

Liebe bedeutet geben. Selbsthingabe bedeutet, dass du für jemand anderen etwas erreichst zulasten deiner selbst. 38

Das Ziel des Seins ist es, Liebe aus dem Unbekannten zu empfangen. 39

Gott bedeutet totale Kreativität; doch die Kraft der Liebe geht darüber hinaus. Warum? Weil es das Ziel aller Kreativität ist, Liebe darzubringen. Die Gesamtheit aller Existenz basiert auf Liebe. 40

Die Kraft der Liebe ist nicht positiv und ist nicht negativ. Sie ist sowohl positiv als auch negativ. 41

Ein Mann sucht Inspiration, Anerkennung und Bestätigung seiner Persönlichkeit in einer Polarität, die der eigenen entgegengesetzt ist, also in einer Frau. Das vierte Ding, das er sucht, ist Ausdehnung – Ausdehnung auf einer physischen Ebene, auf einer spirituellen Ebene und auf einer mentalen Ebene. Auf der physischen Ebene ist es der Dienst, den wir einander erweisen; auf der mentalen Ebene, ist es die Inspiration, die wir einander geben; auf der spirituellen Ebene ist es das Vertrauen, das wir ineinander haben. Wenn diese drei Dinge gegenwärtig sind, dann entwickeln wir Zuversicht und Stärke ineinander. Dann können diese zwei Menschen eine Art der Liebe miteinander erfahren. 42

Du willst nicht, dass irgendjemand dich hasst: Du willst, dass alle   43
dich lieben. Tatsächlich ist Liebe Abscheu, und Abscheu ist Liebe;
da gibt es gar keinen Unterschied. Im einen Fall ist das Ego
befriedigt, im anderen Fall ist das Ego nicht befriedigt. Wenn das
Ego nicht befriedigt ist, wird Abscheu empfunden; wenn das Ego
befriedigt ist, wird Liebe empfunden.

Liebe heißt, das Selbst hingebungsvoll zu opfern und im Selbst   44
eines anderen wiederzufinden.

Liebe ist ein Opfern des Selbst. Liebe ist die Erfahrung der eigenen   45
Selbstlosigkeit im eigenen Selbst: Das ist es, warum Gott die Liebe
ist. Niemand kann Liebe erklären, denn Liebe ist Ekstase. Liebe ist
die Essenz einer ewig dauernden Hingabe. Liebe ist ohne Wandel.
Wenn Liebe sich wandelt, so ist es keine Liebe.

Wenn ein Mensch sich selber kennt, so kennt er jeden Wesens   46
Selbst. Wenn ein Mensch sich selbst wahrhaft liebt, so liebt er jeden
Wesens Selbst.

Liebe ist ein hingebungsvolles Opfer, Liebe hat keine Grenzen.   47
Wenn Liebe eine Grenze hat, dann ist es keine Liebe.

Hingabe, das Opfer des Selbst, ist der Beginn jeder Liebe. Um et-   48
was empfangen zu können, muss man sein eigenes Selbst unterwerfen. Wie viele von uns sind in der Lage, sich selbst zu unterwerfen?

Der Mensch kann nicht ohne Liebe leben, er muss lieben, und er 49 muss geliebt sein. Liebe ist die höchste Erfüllung auf jeder Ebene. Wenn du erkannt bist, so ist das ein Ausdruck der Liebe; wenn dir ein Geschenk gegeben wird, so ist das ein Ausdruck von Liebe. Wenn jemand mit dir kommuniziert, so ist es ein Ausdruck von Liebe; wenn jemand dich anlächelt, so ist das ein Ausdruck von Liebe. All dieses sind Ausdrucksformen der Liebe. Aber vermagst du an Ausdrucksformen Genüge zu finden? Nein, du willst etwas erfahren. Selbst wenn du einen physischen, sprachlichen oder geistigen Verkehr hast, bist du dann geliebt? Nein. Auch dies sind Ausdrucksformen von Liebe. Was aber ist dann Liebe? Wenn du in dir selbst Selbstlosigkeit fühlst und erfährst und für einen anderen darin schwingen kannst, dann bist du mit Liebe erfüllt. Das ist der höchste Zustand des individuellen Bewusstseins; dann ist alles Übrige wunderbar. Diese Gefühle sind von so erfüllender Schönheit, dass wir in unserer gesamten Sprache keine Begriffe haben, um sie zu erklären, und unsere Unfähigkeit, sie zu erklären, vermag uns nur begreifbar zu machen, dass diese Gefühle genauso existieren wie andere Formen der Ekstase. Wenn du Ekstase zu erklären vermagst, dann ist es keine.

Die sexuelle Vereinigung ist wahrhaftig und absolut göttlich. In ihr 50 liegt eine Erfahrung, die die Menschen in jeder Erfahrung finden können, die des Gott-Bewusstseins. Doch man hat eine Menge Gehirnwäsche vorgenommen, und die praktischen Lebensgewohnheiten der Menschen verkommen. Stell dir mal einen jungen Mann in seinen Zwanzigern vor, der ein junges Mädchen trifft, und sie verlieben sich ineinander. Da entsteht ein sehr machtvolles Gefühl, dass wir das Verlangen zueinander nennen. Dieser Instinkt des Verlangens ist der mächtigste Instinkt, denn er vermag zu verhindern, dass die Gesamtheit der Psyche des Universums in direkter Beziehung und in einer Entsprechung zur individuellen Psyche agiert. Diese höchst mächtige und doch unbekannte Kraft des Individuums kann ausschließlich in einer bestimmten Beziehung realisiert werden: Es ist die Beziehung zwischen Mann und Frau. Es gibt keine Möglichkeit, die Wirkung und Tiefe einer solchen Beziehung zu verstehen. Wir nennen das Liebe in der Praxis. Ich spreche nicht von Liebe in der Vorstellung oder Menschenliebe; ich spreche von Liebe im Vollzug, wenn ein Mensch Liebe für ein anderes Individuum wahrhaftig fühlt. Das ist die Anziehung der Polaritäten; die eine Polarität sucht, verlangt danach, mit der anderen zu verschmelzen, um einen neutralen Zustand des Geistes hervorzubringen. Es ist sehr unglücklich, dass 1977 weder Männer noch Frauen eine Ahnung davon haben, wie sie diesen Zustand herbeiführen sollen, noch worin er genau besteht.

In Bezug auf die sexuelle Liebe haben wir die Integrität verloren. 51
Wenn wir das Gefühl bekommen, dass wir hungrig sind, so geht man davon aus, wir sollten essen. Genauso ist es, wenn wir Leidenschaft empfinden. Dann entwickeln wir das Gefühl, man geht davon aus, wir sollten Sex haben. Das ist es, wozu die sexuelle Liebe heute geworden ist. Wenn ein Mensch den Sinn für seine Vermehrung und die Ehrfurcht vor seinem Samen verliert, so verliert er auch den Wert der Selbstachtung. Wenn du nicht den Wert des Samens achtest, welchen Wert solltest du dann achten? Wenn ein Farmer nicht für die Qualität seines Samens Sorge trägt, noch sich um die Qualität seines Landes kümmert und sich nicht bemüht, die Saat zu bewahren, noch sich darum kehrt, sie in gerader Linie zu säen – nennst du ihn einen guten Farmer?

Frau

Women

Tu dir selbst einen Gefallen. Sei in der Beziehung zu einer Frau   52
niemals undankbar. Denn wenn du nicht in der Lage bist, ein
Symbol zu respektieren, dann respektierst du auch nicht die Klarheit
deines Bewusstseins, und eine Frau ist das Symbol der Erneuerung,
der Wiedergeburt. Wir nennen es das Symbol der *Adi Shakti*.

Liebe und Respekt gegenüber einer Frau sollen frei und spontan   53
sein, ohne Zwang. Wissen sollte da sein und Bewusstsein eines
jeden Individuums. Das muss die erste Regel sein, oder es wird
niemals Frieden, sondern nur Agonie auf dem Planeten Erde geben.

Das eine Yoga allen Yogas, das höchste Yoga liegt im Eheleben, in   54
der ehelichen Beziehung, es besteht in einem tiefen Verstehen der
Frau, in einem tiefen Verstehen des Mannes, in einem tiefen
Verstehen der menschlichen Beziehung, der Koordination, des
Zusammenseins.

Als Erstes erkenne die Schöpfungskraft des Schöpfers. In dem   55
Moment, in dem eine Frau begreift und in der Tiefe versteht, dass
sie die Schöpfungskraft des Schöpfers ist, erreicht sie das
Selbstvertrauen als Frau.

Du vermagst mich nicht zu lieben, wenn du nicht deine erste   56
Lehrerin, die da ist deine Frau, zu lieben vermagst. Du bist von einer
Frau geboren. Wenn du nicht lernst, eine Frau zu respektieren, dann
wird das höchste Bewusstsein nicht zu dir sprechen. Du wirst mit
gebrochenen Wohnstätten und gebrochenen Herzen dein Ende
finden.

Wenn ein Mann versucht, den Weg Gottes zu gehen, so werden   57
ihm drei Dinge in der Fülle gegeben: Frauen, Geld, und Landbesitz.
Warum habe ich gesagt Frauen? Die Prüfung für die Festigkeit des
Bewusstseins eines Mannes liegt darin, dass er beweisen kann, dass
seine Wurzeln tief reichen. Und er, der von einer Frau geboren ist,
wird immer von einer Frau geprüft werden. Versteht mich nicht
falsch. Ich will es ganz klar gesagt haben: Der Mann, der sein Wort
gibt, wird immer von einer Frau geprüft.

Entsprechend der Anlage liegt die Erfüllung für eine Frau in der   58
Mutterschaft. Doch Mutterschaft bedeutet nicht, dass sie schwanger
wird und ein Kind gebärt. Erst wenn ihr das gesamte Verhalten einer
Frau versteht, werdet ihr verstehen, was Mutterschaft bedeutet. Für
eine Frau bedeutet Mutterschaft Dienen, Hingabe und Aufopferung.
Mutterschaft bedeutet Beziehung. Wenn eine Frau Mutterschaft
kennt, dann ist sie erfüllt. Aber wenn sie mit einem Mann eine
Partnerschaft eingeht, teilt sie zu gleichen Teilen.

Eine Frau, die in der Lage ist, Leben zu gebären, muss einen   59
Heiligen, einen Helden oder einen, der anderen gibt, gebären.

Jede Frau auf diesem Planeten, die sich selbst für wert hält, ist   60
großartig als eine Frau; und wenn du jemand bist, der Leben gibt,
was könntest du Größeres tun?

Wenn du eine Frau nicht zu verstehen vermagst, so vermagst du auch Gott nicht zu erreichen, denn du verstehst nicht, wie du von *maya*, der Illusion, loskommen könntest. 61

Wenn die Frau aufhört, für Inspiration und für Stabilität auf den Mann zu blicken, dann hat der Mann alles verloren. So wird es zu einer Frage der Existenz und nicht der Beziehung, denn die Seite des Mondes, die da scheint, blickt doch in Richtung auf die Sonne. 62

Als Mann bist du von einer Frau geboren. Wenn du heranwächst, willst du eine Frau. Schließlich heiratest du eine Frau und hast Kinder. Für dich entwickeln sich alle Strukturen von A bis Z, wieder und wieder um eine Frau. Für eine Frau willst du reich sein, und für eine Frau willst du arm sein, für eine Frau willst du aufs Land ziehen, und für eine Frau willst du in die Stadt kommen. Ob du es nun zugibst oder leugnest, tatsächlich bist du auf diese oder eine andere Weise Sklave einer Frau. 63

Die Menschen, die denken, dass Frauen schwache und gebrechliche Kreaturen sind, begreifen nicht, was eine Frau ist. Eine Frau ist sechzehnfach stärker als ein Mann. 64

Der Mann, der es nicht versteht, seine weibliche Partnerin in jedem sexuellen Beisammensein zu entspannen, wird niemals die Grundlagen des Ehelebens bewahren. 65

Glück

Happiness

Das Gesetz des Gleichgewichtes ist das Gesetz des Glücks. Alles darf geopfert werden, außer dem Gleichgewicht. 66

Glück ist Sorgenfreiheit des Bewusstseins. 67

Wenn du nicht begreifst, wer du bist, kann das Glück dich nicht erreichen. 68

Die Ursache des Unglücklichseins liegt darin, dass das Selbst das Selbst nicht erkennt; und die Ursache des Glücklichseins liegt darin, dass das Selbst das Selbst erkennt. 69

Ihr Lieben, beschuldigt niemals irgendjemanden oder irgendetwas. Was immer geschieht, ihr müsst darum gebeten haben, und müsst darum gebeten haben, weil es einen Zweck hat. Habt Geduld, denn Geduld zahlt sich aus. 70

Die größte Tragödie liegt darin, dass jedermann sagt, er könne euch das Geheimnis des Glücks geben. Das ist die größte Lüge auf diesem Planeten. Niemand kann irgendjemandem Glück geben; das ist unmöglich. Wir sind so versessen, Glücklichsein zu kaufen, dass, sobald jemand daherkommt und sagt, er könne Glücklichsein bewirken, wir alle bereit sind, dafür zu stürzen. 71

Warum verehren die Menschen Gott? Um glücklich zu sein. 72
Warum heiraten die Menschen? Um glücklich zu sein. Warum
lassen sich Paare scheiden? Um glücklich zu sein. Was immer
geschieht, es geschieht mit dem Ziel, Glück zu machen und
glücklich zu sein. Dennoch ist dort kein Glücklichsein. Was macht
einen Menschen unglücklich? Ein Mensch wird unglücklich, wenn
er ein Verlangen hat, das nicht befriedigt wird. Dabei spielt es keine
Rolle, worin dieses Verlangen besteht.

Es ist ein Gesetz, dass jede Erfahrung schließlich zu deinem Glück 73
und deiner Würde führt.

Aus einem einzigen Grunde leidet der Mensch: Der Mensch hat 74
seine Unschuld verloren. Wenn du deine Unschuld verloren hast,
dann endest du im Streit. Die Idee dieses Yoga ist es, die Unschuld
zurückzuerlangen, sodass das universelle Bewusstsein dir dienen
und dich erhalten wird.

Wenn du dich zu besinnen vermagst, dass du ein Teil der 75
Unendlichkeit bist, dann kann dir nichts Widriges geschehen.

Gott kann nicht anders beschrieben werden, denn als eine 76
Gesamtheit. Wenn du deine eigene Gesamtheit kennst, so wirst du
ohne Furcht sein. Du musst gerecht sein; wenn du gerecht bist, so
hast du Wirkung. Wenn du Wirkung hast, so bist du magnetisch.
Wenn du magnetisch bist, so verleiht dir die Energie der Sonne
deine Polarität; dann musst du neutral sein. Wenn du neutral bist,
dann bist du im Gott-Bewusstsein. Wenn du das Gott-Bewusstsein
verkörperst, dann bist du in Harmonie mit dem Universum, und das
Universum ist in Harmonie mit dir. Die absolute Schöpfungskraft
verbindet sich mit dir als einem Zentrum des psychomagnetischen
Feldes; dann bist du im absoluten Zustand der Glückseligkeit.

Glück kommt aus Zufriedenheit, und Zufriedenheit entsteht immer dann, wenn wir dienen.

77

Wer ist unglücklich? Derjenige ist unglücklich, der nichts findet, damit er im Fluss sein kann, und derjenige, der im Kopf so viel über das Fließen weiß.

78

Alle Krankheit, alles Seichte, alles Unglück, aller Schmerz und alles Elend haben eine einzige Quelle: Sie entstehen, wenn du in dir selbst Negativität bewahrst.

79

Wer bin ich, und was weiß ich? Das sind die Fragen, die der Mensch sich selbst stellen muss. Der Mensch muss, was ihm von seinem Selbst unbekannt ist, in seiner Gesamtheit erfassen. Darin liegt sein Schicksal.

80

Bewusstsein ist die Gesamtsumme der Erkenntnisse eines Individuums in Bezug auf das universale Sein, das ihn umgibt. Alle, die in dieser Sphäre sich weit ausdehnen, werden ein größeres Glück in ihrer Beziehung zur Unendlichkeit, die sie umgibt, finden.

81

Glück kommt aus Zufriedenheit. Wenn du eine Umfrage veranstaltest, wie viele Menschen glücklich und wie viele Menschen unglücklich sind, so wirst du überrascht sein, herauszufinden, dass manches, das du für ein Glück hältst von einem anderen Menschen als krank empfunden wird. Also beurteile niemals irgendeines Menschen Glücklichsein nach deinen eigenen Standards.

82

Da lebte einmal ein Mann Gottes auf einem Hügel, in einer kleinen Hütte, der hatte ein paar Schüler. Er war zufrieden. Da kam ein König vor ihn. Der bot ihm eine Menge Goldstücke. Der König sagte, : „Oh, du Mann Gottes, ich möchte in meinem Leben irgendeinem Menschen dienen. Ich will dir dies geben." Der Mann Gottes blickte ihn an und sagte: „Vielen Dank, und nun trag es wieder zurück." Das ärgerte den König, und er sprach: „Worüber sprichst du? Ich habe all dieses selbst hier zu dir getragen, und du willst dich nicht einmal darum kümmern. Warum willst du diese Gabe nicht annehmen?" Der Mann Gottes antwortete: „Ich möchte morgen darum nicht ermordet werden. Also trag es besser wieder von dannen. Es mag sein, dass du nicht leben willst. Dieses Gold ist bestimmt für die Orte, an denen auch Wachen stehen. Hier aber lebt Gott, Wächter sind keine da. Du solltest diesen Platz besser mit deinem Golde wieder verlassen." Nun, wer wollte kein Gold haben? Aber es verhält sich genauso; wenn du Gold besitzt, so musst du auch Wächter haben. Wenn du aber Wächter hast, so wirst du auch deren Probleme haben. Hast du dies, so musst du auch das haben, und so geht es weiter fort und fort.

83

Das Leben ist ein Spiel, aber wir wollen nicht teilnahmslos darin mitspielen. Wir wollen spielen, um zu gewinnen und um zu verlieren, und damit kommt das Unglück ins Spiel.

84

Wo ist die Grenze einer Person? Wie kannst du begrenzt werden? Eine Person wird durch das Maß ihrer inneren Bindung begrenzt. Es spielt gar keine Rolle, was du hast oder was du nicht hast; es spielt eine Rolle, wie leicht du es loslassen kannst.

85

Der Verstand sollte mit dem Körper tanzen, und das ganze Universum ist deine Bühne. Bemühe dich zu fühlen, dass, was immer du tust, dieses das Allerschönste ist, der wunderschönste Tanz, denn du tanzt mit dem ganzen Universum. Bereue nichts. Lass es zu, dass dein Herz dich führt, frei von jeder Bevormundung.

86

Beweglichkeit ist ein Gesetz des Lebendigen. In unserer gewöhnlichen Sprache nennen wir es Mitgefühl.

Wenn irgendeine Person unglücklich ist, so, weil sie nach Unglücklichsein verlangt hat. Wenn du Glücklichsein wünschst, so wünschst du zugleich indirekt auch das Unglücklichsein, wie der Tag der Nacht voranschreitet und die Nacht dem Tag vorangeht. Alles Glücklichsein ist von Traurigkeit gefolgt und jede Traurigkeit wird vom Glück gefolgt.

In dem Moment, in dem du fühlst, dass du ein Teil der Unendlichkeit bist und dass die Unendlichkeit Teil von dir ist, in dem Moment werden deine Grenzen weichen, und Glück wird fließen.

Unser Leben auf dieser Erde im Einzelnen spielt keine besondere Rolle, wenn wir würdevoll gelebt haben. Und in der Tiefe wissen wir, dass Würde das Einzige ist, was im Leben auf dieser Erde zählt. Wenn wir nicht würdevoll gelebt haben, wird es sehr schwierig für uns sein, diese Erde würdevoll zu verlassen.

Es ist sehr wichtig zu verstehen, dass das Glück ins uns liegt. Die Menge unseres Glücks liegt in uns und hängt allein davon ab, wie offen, wie positiv und wie wahrhaft gerecht wir sind. Das ist das Geheimnis des Glückes.

Warum erzählen wir dir, dass du Gott gedenken sollst? Was gibt es, dessen du gedenken oder nicht gedenken solltest? Was kannst du vielleicht daraus gewinnen? In dem Moment, in dem der Mensch wahrnimmt, dass er potenziell grenzenlos ist und dass er ausschließlich in seinem Handeln Begrenzung findet, kann er glücklich sein. Wenn irgendetwas schief läuft, so gib nicht auf. Sei dir bewusst, dass du dich regenerieren kannst, einen neuen Anfang machen kannst und beginne nochmals. Wenn Gott mit dir ist, dann bist du groß. Du kann es schaffen. 92

Wenn deine Zweifel vergangen sind, dann wird deine Furcht gegangen sein. Dann werden deine Gefühle und Erfahrungen glückvoll sein. 93

Es ist Gott, der dich erschuf, und Gott ist es, dahin du gehen wirst. Dazwischen gibt es nichts. Diese Welt ist eine vorübergehende Stätte unseres Weilens. Besuche sie liebevoll und erinnere dich, dass, wenn du nicht gelernt hast, die Welt glücklich zu verlassen, so wird deine Seele daran haften bleiben. 94

Wenn es uns auf dieser Welt gelingt, die Sorgen und Belange der anderen zu respektieren, dann können wir glücklich sein. 95

Selbst

Self

Was ist Meditation? Was ist Gott-Bewusstsein? Was ist Wahrheit? 96
Was suchst du? Wenn du sehr tief nachdenkst, dir ganz bewusst bist,
dann wird die Antwort dich erreichen. Du bist eine lebende Manifestation des Lichts; da gibt es nichts, was du suchen musst.

Geduld zahlt sich aus. Lass nicht zu, dass dich irgendeine 97
Versuchung schüttelt, dass dich irgendeine Schwingung bewegt und
dass dich irgendeine Kraft aus deiner eigenen Mitte herausbringt
und aus deiner Rechtschaffenheit. Ein unerschütterlicher Mensch ist
die höchste lebende Manifestation Gottes.

Du bist du und bist nichts anderes als du selbst; aber wenn die Zeit 98
kommt, da du geprüft wirst, so wirst du sofort versagen, wenn du
nicht genau weißt, dass du du bist.

Der Zweck des Wissens liegt darin, grenzenlosen Glauben an das 99
eigene Selbst zu entwickeln.

Wenn ein Mensch Gott-bewusst wird, wird er zugleich demütig 100
genug, seine gesamte Persönlichkeit furchtlos vor der Welt zu
offenbaren.

Nichts auf der Erde vermag dich von deinem wahren Selbst zu 101
trennen. Verbinde dich schöpferisch mit diesem Leben. Jeder
Schmerz sowie jede Freude, die du erfährst, sind deine persönliche
Geschichte.

Die ganze Welt ist gemacht, dass du erkennst, was du bist, und dass 102
du bist, was du bist. Mach dich nicht größer und mach dich nicht
kleiner. Finde die Mitte. Das Problem liegt darin, dass der Mensch
sich gefragt findet: „Bist du dies oder bist du das?" Aber du bist
nicht dies oder das, du bist, der du bist.

Um die Wirklichkeit zu erkennen, musst du zunächst erkennen, 103
dass du die Wirklichkeit, die Wahrheit bist.

Wenn du nicht dein Bewusstsein für dich selbst und ein Bewusst- 104
sein deiner selbst besitzt, dann wird dein Wesen Schaden nehmen.
Wenn du Bewusstsein willst, dann musst du dich groß fühlen und
groß handeln. Viele Menschen denken, dass sie nach Anerkennung
streben müssen. Doch alles, was du zu tun hast, ist, : Erkenne dich
selbst an.

Wenn du kein Bewusstsein für den anderen hast, dann hast du in 105
Wahrheit auch kein Bewusstsein für dich selbst.

In dem Moment, in dem du einen Menschen mit Gott-Bewusstsein 106
triffst, wird er dir sagen: „Erkenne dein eigenes göttliches Selbst."

Wenn du durch dein Leben und deinen Austausch Rechtschaffen- 107
heit erreichst, dann spielt es keine Rolle, wer du bist oder zu wem du
gehörst. Du hast das Ziel erreicht.

Ein Mensch ist wie eine Kerze: Er muss Licht ausstrahlen, während er selbst verbrennt. 108

Du musst weder Gott erkennen, noch musst du die Unendlichkeit erkennen; alles, was du zu tun hast, ist, deine eigene Existenz zu begreifen. 109

Das innere Selbst, das Selbst sitzt da und wartet darauf, dass du das Selbst erkennst. 110

Sobald du als eine aufrechte und offene Person bekannt bist, ist es erreicht. Dann kann es keinerlei Schwierigkeiten mehr geben. Wenn du jedoch die Dinge verdrehst, dann verschwendest du nicht nur deine Energie dabei, die Dinge zu verdrehen, sondern tatsächlich verzerrst du auch dein eigenes Bild. Denk daran, dass es keine Geheimnisse gibt. Stets wird die Katze aus dem Sack kommen, und dann wirst du dich übel fühlen. Warum? Nun, dein eigenes Bewusstsein wird dir Schmerz zufügen. 111

Befreiung kommt vom Unterbewusstsein, dem Wachhund des Selbst, dem Anteil des Selbst, das gleichsam über jede Einzelheit deines Wesens Buch führt. 112

Der Mensch muss seine Existenz in Bezug auf das Universum verstehen. Wer auch immer das begreift, begreift die Wahrheit. Dann wird alle Welt, die dich umgibt, voll Schönheit sein, sobald du verstehst, dass du du bist. 113

Die universelle Erkenntnis kommt dann, wenn du dich selbst als nichts anderes, denn als einen *bindu*, als einen Punkt begreifst. Was ist *tantra*? Tantra ist die Wissenschaft des Punktes. 114

Freundlichkeit, Versöhnlichkeit und Rechtschaffenheit sind die drei 115
Säulen, auf denen das Gott-Bewusstsein eines Wesens ruht.

Niemand will irgendwie begrenzt werden, denn ein jeder ist 116
grenzenlos; eure Quelle ist die Unendlichkeit.

Niemand sollte für irgendetwas meditieren oder singen, es sei denn 117
für die Erkenntnis des Selbst. Euer Selbst ist sehr kostbar. Wenn ihr
das grenzenlose Bewusstsein erfahren wollt, welches ist Gott, dann
vermögt ihr das ausschließlich durch das Selbst zu erfahren.

Eure wahrhaftige Existenz ist Wahrheit; gebt euch dieser ganz und 118
gar hin. Ihr werdet dankbar sein.

Unsere Manifestation geschieht aus unserer eigenen Seele; die 119
wahrhaftige Manifestation des Selbst innerhalb des strukturierten
Selbst ist das größte Ziel.

Du bist die Wirkung einer Ursache, und da ist ein Schöpfer in dir. 120

Die grundlegende Einheit, du, ist gleich der Summe aus Strahlen 121
plus Aktivität.

Wenn du Licht wirst und du strahlst, dann gibt es nicht länger 122
irgendeine Dunkelheit. Eine Kerze hat nur eine einzige Zukunft; ihr
Wesen ist es, Licht zu verbreiten. Wie aber verbreitet eine Kerze das
Licht? Indem sie selbst verbrennt, verbreitet eine Kerze Licht und
weiß um die Zukunft. Wenn du dich selbst gleichsam brennend
hingibst, so wirst du strahlen und Licht verbreiten. Die Aufgabe des
Menschen besteht darin, aus dem begrenzten Selbst das grenzenlose
Licht strahlen zu lassen.

Sei schöpferisch, sei liebevoll, sei großzügig und groß, sodann wird Gott dich segnen. Es wird keine Grenzen geben. Was immer du im Frühling pflanzen wirst, es wird wachsen. Also, wenn du in deinem eigenen Lebensraum Güte, Dienst, Lächeln, Wärme, Glück und den Glauben an das Gute vermehren willst, so wirst du wachsen, und du wirst grenzenlos sein.

123

Wenn du kein Selbstvertrauen hast, was überhaupt kannst du haben? Du kannst Gebirgszüge überqueren und Ozeane, du kannst Tragödien, Schwierigkeiten und große Verantwortung mit einem einzigen Ding begegnen: Selbstvertrauen. Fürchtet euch nicht, meine Lieben; das Gegenmittel zur Furcht ist Selbstvertrauen.

124

Ein selbstverwirklichter Mensch ist auch ein Mensch voll Würde, ein Mensch, der zu seinem Wort steht, machtvoll und voll Verzeihen. Das sind die vier Qualitäten eines Yogis.

125

Warum hängen wir an der Vergangenheit? Weil wir unsicher sind. Wir sind in Bezug auf unsere Selbstverwirklichung unsicher, und darum haben wir kein Selbstvertrauen.

126

Ich bin frei von Gewalt, doch wenn ich einen Schwachen sehe, der von einem unrechtschaffenen Menschen geplagt wird, so werde ich der Erste sein, der sich zwischen die beiden wirft. Es könnte mein Leben kosten, doch für mich ist es das wert. Das ist die Würde des inneren Wesens. Wenn du dein Leben als eine Opfergabe auf den Altar der Wahrheit legst, so ist es das höchste Opfer.

127

Wenn du wüsstest, dass Gott in dir ist, wie kommt es dann, dass du fragst: Wo ist Er?

128

Manchmal geschieht es, dass ein Bock, der den wunderbaren 129
Geruch von Moschus in seinem Nabel hat, das Aroma wittert und
losrennt und rennt und rennt, um herauszufinden, von wo der
Geruch kommt. Manchmal rennt er nach Norden, manchmal nach
Süden. Er rennt, und irgendwann hält er inne, und schließlich beugt
er den Hals in Richtung auf seinen Nabel, bis er fällt. Und schließ-
lich nimmt er mit der Nase wahr, von wo die Witterung ihren
Ausgang nahm und weiß, dass das Aroma die ganze Zeit bei ihm
war. In dem Moment wundert er sich, wie er so stark der schönen
Vision nacheilen konnte und doch niemals begriff, dass der herrliche
Geruch, den er so verzweifelt einholen wollte, von nirgendwo
anders seinen Ausgang nahm, als von seinem eigenen Nabel.
Genauso verhält es sich mit der Seele, die mit Gott in uns wetteifert;
wir sollten das erkennen.

Der Mensch ist seinem Wesen nach grenzenlos, weil die Seele 130
grenzenlos ist. Der Mensch ist seinem Wesen nach grenzenlos, weil
sein Geist grenzenlos ist. Nur die physische Natur ist begrenzt, doch
die Struktur ist unermesslich kostbar. Niemand wäre in der Lage, sie
künstlich herzustellen.

Ein Mensch Gottes sollte sich auf die Wahrheit verlassen, auf das 131
Selbst, auf das höhere Selbst, auf die Weisheit, auf den Geist, auf
den Verstand und auf die körperlichen Fähigkeiten und Anlagen.
Ein Mensch Gottes sollte sein Vertrauen so gestalten, dass, wenn er
in die Welt hinausgeht und ihr begegnet, er weise ist.

Du bist, womit du dich verbindest. Wenn du dich an die Grenzen- 132
losigkeit anschließt, so bist du grenzenlos. Aber wenn du dich selbst
einschränkst, so bist du beschränkt.

Es gibt verschiedene Wege, sich entspannt zu fühlen. Einer davon   133
ist, dass du wahrnimmst, ein Teil des Universums zu sein, und dass
das Universum ein Teil von dir ist. Du bist genauso wunderschön
wie das Universum. Ohne dich ist auch das Universum nicht schön,
und du bist nicht schön, ohne das Universum.

In dem Moment, in dem du dir bewusst wirst, wer du bist, wird es   134
jedem Menschen auf diesem Planeten bewusst werden, wer du bist.
Einen Rückschlag erfährst du, wenn du dir nicht bewusst bist, wer
du bist. Da bist du nicht mehr eins, sondern alles, unter allen
Umständen.

Du musst verstehen, dass du in dir drei Ebenen des Selbst vereinst.   135
Die eine ist der Körper mit seinem Verlangen. Die zweite ist der
Geist mit seinen Gedanken. Und die dritte bist du mit der kontrollie-
renden Peitsche. Die meisten Leute wissen nicht, dass der Geist und
das Selbst zwei getrennte Dinge sind. Das geistige Selbst und das
höhere Selbst sind zwei separate Ebenen. Indem du den Kampf in
dir zwischen diesen drei Selbst nicht erkennen kannst, begreifst du
absolut gar nichts. Doch mit der Zeit wirst du mehr und mehr diesen
Konflikt in dir wahrnehmen, und du wirst in die Lage kommen, diesen Konflikt zu überwinden, sodass das höhere Selbst schließlich
gewinnen kann.

Und jeder, der sich selbst ohne das Ego für Wert halten kann, ist   136
ein lebender Gott.

Ja, wirklich, die Person, die Gott erkannt hat, ist sehr demütig. Ein   137
Mensch, der Millionen von Dollar und Tonnen von Juwelen gesehen
hat, wird nicht dahergehen und deine Uhr stehlen. Der Mensch, der
den Schöpfer dieser Schöpfung fühlt, wird in solch einer Ekstase
sein, dass er zur Demut gelangt.

Willst du das Grenzenlose erfahren, so lerne zunächst das Begrenzte kennen: Erkenne dich selbst, Gott in dir.   138

Du hast du selbst zu sein. Aber du kannst nur dann du selbst sein, wenn du verstehst, dass du ein Teil der Wirklichkeit bist. In dem Moment, in dem du begreifst, dass du ein Teil der Wirklichkeit bist, in dem Moment wirst du zur lebenden Manifestation Gottes, ein lebender Gott.   139

Vergiss niemals, dass du ein *bindu*, ein Punkt bist.   140

Leben ist eine Einstellung. Grundsätzlich hast du zu entscheiden, ein für alle Mal, ob du ein Original sein willst oder nicht.   141

Dein potenzielles Selbst ist grenzenlos; dein handelndes Selbst allein ist begrenzt.   142

Die folgenden sechs Charakteristika – die Art und Weise, wie ein Mensch sich benimmt, die Art und Weise, wie ein Mensch verehrt, die Art und Weise, wie ein Mensch seine Vorstellungen fasst, die Art und Weise, wie ein Mensch sich kleidet, die Art und Weise, wie ein Mensch sich verhält und die Art und Weise, wie ein Mensch auf andere Menschen zugeht – all diese Dinge entscheiden, was dieser Mensch ist.   143

Du bist ein Mensch – a *human being*. „Hue" bedeutet Licht, bedeutet Aura; „man" bedeutet Geist, Verstand; „being" bedeutet jetzt. Alle zusammen bedeuten, jetzt bist du das geistige Licht.   144

Die Entspanntheit des Selbst ist die höchste Disziplin. Ein Mensch, der entspannt ist, kann mit einem anderen Menschen kommunizieren. Ein Mensch, der nicht entspannt ist, kann mit einem anderen Menschen nicht kommunizieren. Ein Mensch, der nicht entspannt ist, kann mit Gott, der die totale Summe aller Menschlichkeit ist, nicht kommunizieren.   145

Es gibt einen Grund, warum wir hier sind, und dieser Grund besteht darin, unter allen Umständen würdevoll zu bleiben und allen unwürdigen Verhältnissen mit Anmut zu begegnen. Das ist unser Zweck und das ist ein Privileg.

146

Wir haben in uns selbst zu begreifen, dass, wenn unser inneres Selbst sicher ist, wir auch in unserem Äußeren sicher sind, glücklich, ausgeglichen, gemütlich, wunderschön oder wie immer ihr es nennen wollt. Ist das innere Selbst in Unordnung, so ist auch das äußere Selbst ungeordnet, und wir sehen die gesamte uns umgebende Welt in Unordnung.

147

Ob sich mein Verstand/Geist mit irgendetwas verbindet oder nicht, ich bin nicht Verstand/Geist. Ob sich mein Körper mit etwas verbindet oder nicht, ich bin nicht Körper. Ich bin das, das jenseits von Körper und Verstand/Geist ist, jenseits von Worten und Begriffen – *Wha* – Ekstase.

148

In unserem menschlichen Körper und in unserem Bewusstsein gibt es keinen höheren Wert als den, ein Suchender zu werden.

149

Im Inneren des Selbst liegt ein Universum, und das Selbst ist eine Miniform des Universums. Jemand, der das Mikrobewusstsein nicht versteht, wird auch niemals das Makrobewusstsein verstehen.

150

Du hast nicht nur das Potenzial, alles zu tun, sondern du musst dieses Potenzial auch erkennen.

151

Diene deinem eigenen Selbst, deinem eigenen Ruhm, deiner eigenen Macht, dich hingebungsvoll zu opfern und zu dienen.

152

Du musst dir eines Dinges stets bewusst sein: Wenn du Wissen hast, gibt es keinen Raum mehr für die Furcht.

153

Die Macht des Individuums liegt in der Tatsache, dass das ganze Universum es umkreist.

154

Ohne Bemühen vermag niemand den Meister im eigenen Selbst zu verstehen.

155

Da gibt es etwas, das vermagst du nicht zu kopieren, und das ist die Seele einer anderen Person oder der Geist eines anderen Menschen. Es ist die Seele in dir, auf die es ankommt.

156

Meditation ist eine Verpflichtung gegenüber dem Selbst. In dem Augenblick, in dem du dir deines eigenen Selbst bewusst wirst, wirst du wunderschön. Denn in dem Moment, in dem du dich auf das Selbst konzentrierst, wandelt sich deine Frequenz und genauso verwandelt sich das Universum, das dich umgibt. Das ist ein kosmisches Gesetz.

157

Es gibt nichts Kostbareres als das Selbst. Es gibt nichts Wunderschöneres als das Selbst. Es gibt nichts Großartigeres als das Selbst. Nur mit dem Selbst kannst du begreifen, dass es Gott gibt, ein höchstes Bewusstsein des Höchsten Selbst.

158

Was ist das Schicksal des Menschen? Das Schicksal des Menschen ist es, mit dem Grenzenlosen zu verschmelzen. Du solltest das nicht nur wissen, sondern du solltest es erfahren. Dich selbst in der Fülle des Unendlichen zu erfahren, ist das Ziel des menschlichen Lebens.

159

Ob du es mir nun glaubst oder nicht, jeder Mensch hat die Chance, ein perfekter Heiliger zu werden. Wenn deine geistige Haltung perfekt ist und Sicherheit und Friedfertigkeit im Innern erreicht sind, wird sich alles, all die materielle Welt dem Äußeren, mit dir verbinden.

160

Die höchste Erziehung, die der Mensch zu erlernen hat, ist nicht die medizinische Wissenschaft, nicht die Soziologie, nicht die Chemie, nicht die Biologie, nicht die Mathematik, sondern die Wissenschaft vom Menschen, das Wissen über das Selbst. Die Wissenschaft des Selbst und die Bewusstheit in Bezug auf das Selbst, ist die höchste Erkenntnis, die ein Mensch besitzen kann, denn wenn du sie besitzt, vermagst du alle Umstände zu meistern.

161

Ihr verleugnet all die grundlegenden Werte eures Menschseins. Denn vor zweitausend Jahren ist dem Menschen gesagt worden, dass er voll Sünde sei und Buße tun müsse. Die Wahrheit ist, dass der Mensch aus absoluter Liebe und in Würde geboren wird. Seine Geburt ist die totale Erfüllung von Freude und Glück. Das ist die tiefe Wahrheit, doch die heiligen Männer, die vom Geld der gewöhnlichen Menschen lebten, haben solch eine Furcht geschaffen, dass sie viele Menschen damit erschreckten. Im Unterschied dazu muss von jedem Menschen verstanden werden, dass Gott nicht etwa außen ist und dass Gott nicht irgendwo ist. Gott beginnt da, wo Nächstenliebe und Barmherzigkeit beginnen, direkt in eines jeden Menschen Heim.

162

Wenn dir gesagt wird, vom Einzelnen zum Universalen zu meditieren, so bedeutet das nichts anderes, als dass du deinen eigenen Wert erkennen sollst, deinen eigenen Verdienst, ganz bewusst. Und wenn du ausschließlich das vermagst, dann wird alles in Ordnung sein.

163

Weisheit

Wisdom

All denen, die wissen, dass nach dem Gesetz alles miteinander verbunden ist, wird sich eines zum anderen fügen. 164

Wenn du von irgendetwas Abstand nehmen willst, so nimm deinen Abstand, während du jung bist. Die Jugend ist die Zeit des Lebens, während du alles zu tun vermagst. Es ist während der Zeit des Alters, dass der blutrünstige Wolf erklärt: „Jetzt bin ich ein Vegetarier geworden"; denn nachdem er all seine Zähne verloren hat, vermag er nichts mehr zu jagen. 165

Es spielt keine Rolle, wer du bist. Alles, was eine Rolle spielt, ist ausschließlich das, dass, wenn die dunklen Wolken dich bedecken, du dich selbst aufzurichten vermagst. Das ist alles, worauf es ankommt. 166

Wenn du die Feinheiten des Lebens willst, wenn du voller Empfindsamkeit leben willst, dann lebe gleich wie ein Gast auf Erden. Erscheine, erfreu dich und dann verlasse diese Welt voll Anmut. 167

Wenn du in deiner göttlichen Natur die Wahrheit im Zentrum zwischen deinen Augen, mit dem Dritten Auge, vernimmst, so wirst du sie niemals vergessen. 168

Einer ist weise und einer ist dumm. Ein jeder hat etwas Weisheit 169
und etwas Dummheit in sich. Stets ist es eine Mischung. Es gibt nur
einen Unterschied im prozentualen Verhältnis, doch nicht in der
Gesamtheit.

Ein weiser Mensch, ein spiritueller Mensch, ist ein Mensch, der in 170
seinen Beziehungen neutral ist.

Deine Handlungen entscheiden, ob Gott dir nahe oder fern von dir 171
ist.

Was du bist, das bist du, und Schicksal ist Schicksal. Du kannst 172
einen Hund zum Herrscher krönen, doch dennoch wird er das
Mühlrad lecken.

Wenn es Zeit ist zu bleiben, so sollte man bleiben. Wenn es Zeit ist 173
zu gehen, so sollte man gehen. Wenn es Zeit ist zu kämpfen, so
sollte man kämpfen. Wenn die Zeit ist zu besitzen, so sollte man
besitzen; doch all dieses sollte in Würde geschehen.

Deine Handlungen sollten so ehrenhaft sein, wie du selbst von Gott 174
empfangen zu sein wünschst. Und deine Handlungen können nicht
ehrenhaft sein, es sei denn, du hast ehrenhafte Absichten. Wenn du
irgendeinen Menschen töten willst, so musst du zunächst deine
eigenen Gefühle töten. Wenn du irgendetwas von einem anderen
nehmen willst, so musst du zunächst deinen eigenen Stolz
fortnehmen.

Was immer du bist, das bist du. Sei stolz darauf. 175

Die, die lernen, in der ursprünglichen Schwingung Gottes zu leben, 176
deren Gesichter leuchten, die sind Licht aus dem Licht und ihre
Arbeit ist bereits getan.

Sobald du beginnst, Gott zu lieben, beginnt er, Geld oder eine 177
liebreizende Frau oder Verführung, z. B. Macht oder Autorität, in
dein Leben hineinzuführen. Er setzt dich diesen Versuchungen aus,
um zu sehen, ob du sie loslassen kannst und zu erfahren, wen oder
was du am meisten liebst.

Das Geheimnis besteht darin – bist du dir bewusst, dass der große 178
unbekannte Eine mit dir identisch ist?

Der, der die Wahrheit spricht, wird irgendwann vergehen, doch die 179
Wahrheit, die er spricht, die wird nie vergehen.

Hast du je darüber nachgedacht, dass manchmal, obwohl du dich 180
nach Kräften bemühst und all deinen Willen aufbringst, du dennoch
nicht in der Lage bist, etwas Bestimmtes zu tun? Und hast du je
darüber nachgedacht, dass manches Mal, selbst mit deinem besten
Bemühen eine bestimmte Situation zu vermeiden, du mitten hinein-
gerätst?

Der Geist und der Verstand sind wie ein Spiegel, durch den wir die 181
Unendlichkeit wahrnehmen. Doch wenn du die Schwärze des Has-
ses darüber legst, so wirst du nichts sehen.

Da sind wir von so viel Weisheit umgeben, doch es fehlt das Herz, 182
sie zu fühlen, es fehlt das Gehirn, sie zu begreifen und es fehlt das
Mitgefühl, sie zu verstehen.

Alle anderen vor uns waren freundlich genug, diesen Planeten 183
wieder zu verlassen, und auch wir müssen ihn einst verlassen;
warum sollten wir uns darüber aufregen? Wo ist das Problem?
Wenn da also kein Problem auf uns zukommt, warum sollten wir im
Gehen ein Problem erschaffen? So wie du unschuldig kommst, so
gehst du unschuldig, und mach dir keine Sorgen darum.

Die Wahrheit bedarf keiner Einführung. Wenn die Sonne aufgeht, ist es dann notwendig, sie anzukündigen?

184

Wenn der Frühling kommt, so beginnt alles in der Natur zu treiben, zu blühen und zu dir zu sprechen. Rosen sind da, um dich mit ihrem Duft zu erreichen. Blumen öffnen ihre Herzen, um dir zu sagen, wie du dein eigenes Herz öffnen kannst.

185

Nachdem ich einige Zeit bei einem Lehrer gelernt hatte, fragte er mich: „Was hast du gelernt?" Also setzten wir uns nieder und wir sprachen und teilten das Essen miteinander, und er fragte mich erneut: „Was hast du gelernt?" Und ich antwortete ihm: „Ich bin nicht dies, ich bin nicht das, ich habe den Beweis dafür gesehen." Da sprach er: „Du hast ihn gesehen und du hast ihn bewahrt, du hast ihn beobachtet und du hast ihn gefühlt, doch hat sich dein Geist mit dieser Frequenz verwandelt?" Ich antwortete: „Nein, das wird etwas Zeit brauchen." Da sprach er: „Solange du Zeit messen kannst, so bist du nicht im Gott-Bewusstsein." Ich weiß nicht, ob er zu dieser Zeit Gott war oder nicht, doch diese Erfahrung öffnete mein Drittes Auge vollständig. „Ja", sprach ich zu ihm, „ich bin zu deinen Füßen. Du hast mich die Essenz der Gottheit im projektiven Verstand und im Bewusstsein gelehrt." Da formulierte er die Wahrheit auf eine zweite Weise. Er sprach: „Wenn du es so willst, so versteh, dass der Unterschied zwischen Gott und dir darin besteht, dass du den Verstand, der höher ist als die Zeit, an der Zeit messen musst."

186

Die Stärke eines Menschen liegt nicht darin, was er besitzt. Die Stärke eines Menschen liegt allein in dem, was er zu geben vermag. Nur die können etwas geben, die die Kapazität haben, in das Universum hinauszugreifen. Wenn das Universum nicht Teil deines Geistes ist, so vermag dein Herz nicht zu geben.

187

Leite nur diejenigen an, denen dein Rat gefällt. Leite niemals einen Affen an, denn er wird deinen Haushalt verwüsten. Rate niemals irgendjemandem, wenn du keine Feinde haben willst. 188

Es besteht gar kein Zweifel daran, dass wir alle sehr weise sind. Wenn irgendjemand daran zweifelt, dass er weise ist, so bezweifelt er nur die Existenz dieser Weisheit, jedoch nicht die Weisheit selbst. 189

Nirgendwo gibt es so etwas wie einen Unfall. Alles ist Teil eines großen Planes. Spiel deine Rolle so würdevoll, wie du es nur irgend vermagst und sei entspannt. 190

Weisheit wird zu Wissen, wenn sie zu deiner persönlichen Erfahrung wird. 191

Warum sind wir begrenzt? Weil es uns an Erfahrung der Weisheit mangelt. Wenn du die Weisheit kennst und dann durch die Erfahrung derselben gehst, dann bist du wissend. Dann bist du einen Schritt weiter und gelangst Schritt um Schritt höher und höher. Alle Weisheit, die du in dir selber erfährst, wird in dir zu Wissen. Ein weiser Mann wird fallen. Ein Wissender wird niemals fallen. 192

Wir können verstehen, wie einfach das Leben zu sein vermag, wenn wir einfach so sein können, wie wir sind. 193

Wenn du die Welt regieren willst, gibt es nur ein einziges Gesetz: das Gesetz des Mitgefühls und der freundlichen Sprache. 194

Welchen Sinn hat eine Blume ohne Duft? Welchen Nutzen hat ein 195
Spiegel, in dem du dich selbst nicht siehst? Du musst deine Seele
kennen und sie dann projizieren.

Fühl dich gut, handle gut, und sei gut. Das sind die einzigen Güter, 196
die du mit dir führen kannst; der ganze Rest gehört dem Planeten
Erde.

Das Leben ist ein ungelöstes Geheimnis. Diejenigen, die es gelöst 197
haben, sprechen nicht darüber. Diejenigen, die es nicht lösen,
sprechen sehr viel.

Leben mit Zufriedenheit ist das Leben eines Kaisers. Ein Leben mit 198
mäßigem Verlangen ist das Leben eines Königs. Und ein Leben voll
ungeduldigen Sehnens ist das Leben eines Bettlers.

Trotz deiner besten Bemühungen, und wenn du die ganze medizini- 199
sche Wissenschaft zu deinen Diensten hättest, mit all deinem Ego
und deinen Wünschen, eines Tages musst du gehen.

Was heißt es, gestern ist vergangen? Was heißt es, heute ist 200
morgen? Das ist wahr, weil jeder Schritt, den wir heute unternehmen, unser Morgen reflektiert. Kümmere dich nicht darum, ob
du in den Himmel oder in die Hölle gehst. Es ist der Wille des
Schöpfers, der Himmel und Hölle miteinander geschaffen hat.

Während der ersten drei Jahre gibt die Mutter dem Kind, was es 201
braucht. Dann orientiert sich das Kind für acht Jahre am Vorbild des
Vaters. Vom 12. bis zum 18. Lebensjahr, sofern es eine Frau ist,
oder bis zum 20. Lebensjahr im Falle eines Mannes, sind es die

Verwandten und die Umgebung, die die Person führen. Danach ist es der spirituelle Lehrer des Bewusstseins innerhalb des Selbst, der die Person führt. Das ist, wie ein Mensch sich durch den Kreislauf des Lebens bewegt.

Ein Mann reiste in einem Wagen und sah einen anderen auf einem Pferd reisen. Da sprach er: „Ha, ha, sieh ihn dir an. Was macht der da?" Der Mann, der auf dem Pferd reiste, sah einen anderen, der auf einem Esel ritt, und sprach: „Sieh dir diesen Gesellen an, der ist wirklich arm." Der Mann, der auf dem Esel unterwegs war, sah einen, der zu Fuß ging, und sprach: „Schau dir diesen armen Menschen an, der muss den ganzen Tag lang laufen." Der Mann, der da lief, sah einen anderen Mann mit einem gebrochenen Bein und sprach: „Oh, das ist eine Tragödie." Wir sind voller Annahmen, weil wir niemals uns selbst gefunden haben. Zufriedenheit erlangen die, die ihre Mitte gefunden haben. Groß sind die Wesen, die das Wesen alles Seins entdeckt haben.   202

Die Zeit ist jetzt! Jetzt ist die Zeit.   203

Für deine Gesundheit bedarfst du eines Arztes; für die Schule bedarfst du eines Lehrers; für deine Seele bedarfst du eines Führers.   204

Du musst den Zweck des Lebens verstehen. Der Zweck des Lebens ist es, etwas zu tun, das ewig lebt.   205

Niemals versündigst du dich an einem anderen, stets versündigst du dich an dir selbst.   206

Feiglinge leben in der Furcht, ein weiser Mensch lebt in der Stärke. 207

Du bist sehr mächtig – vorausgesetzt, du weißt, wie mächtig du bist. 208

Da gibt es keinen Schüler und keinen Lehrer, denn gibt es kein Kind und keinen Vater. 209

Ein Mensch weiß, was Realität ist, aber er weiß nicht, was das Leben ist. 210

Es ist dein Eins-Sein, das in dir Gott und die Stärke erhält, und es ist deine Hingabe an die Unendlichkeit, die dich befreit. 211

Wenn du eine Menge Freunde haben willst, so darfst du niemals die Wahrheit sprechen. 212

Was ist das, was die Menschen am meisten lieben, aber dennoch nicht besitzen können? Ein Weiser antwortete: „Die Wahrheit." Warum? Weil die Wahrheit nichts anderes ist als ein universeller Spiegel, in dem du dein Selbst sehen kannst. 213

Wenn einer das Unendliche erhebt, so erhebt das Unendliche den einen; wenn einer seinen Lehrer erhebt, so wird er selbst erhoben. 214

Wo auch immer einer sich ehrfurchtsvoll verbeugt, da wird er gesegnet. 215

Wenn du ein Ding lernen willst, so lies es. Wenn du ein Ding kennen willst, so schreib es. Wenn du ein Ding meistern willst, so lehre es. 216

Der höchste Mensch ist der, der jede Verstrickung vermeiden kann.   217

Wenn da niemand gibt, wie sollte dort einer sein, der nimmt?   218
Wenn dort niemand nimmt, wie sollte dort einer sein, der gibt?

Suche nicht die Anerkennung von anderen; suche die Anerkennung   219
durch dich selbst.

Jeder will die Wahrheit wissen, doch niemand will ihr begegnen.   220

Anmutig ist ein Mensch, der seine Würde sogar unter allen   221
ungünstigen Umständen bewahrt. Ein glücklicher Mensch ist, der
auch durch alle unglücklichen Zeiten hindurch glücklich bleibt.

Manchmal versuchen wir in unseren eigenen Leidenschaften das   222
Leben anderer zu führen. Wo immer aber Hingabe oder Liebe zu
einem anderen existiert, solltest du diesen einen so stärken, dass er
sein eigenes Leben zu führen vermag.

Wenn du in diesem Leben wirklich Respekt wünschst, so rate   223
niemandem, ohne dass du gefragt wurdest; und zweitens, wenn dich
irgendjemand wirklich um einen Rat fragt, so warte ab, bis er so
weit ist, dir zuzuhören; und wenn du siehst, dass die Person bereit ist
zuzuhören, dann eröffne ihr stets die Polarität, die zwei Seiten des
Gegenstandes, wie du sie erkennst.

Bewahre dich selbst. Das ist eine Kunst. Es ist eine Kunst, sich   224
selbst zu bewahren. Es ist eine Kunst, einem Menschen selbstlos zu
dienen. Es ist eine Kunst, eine ganze immerwährende Freundschaft
zu geben. Es ist eine Kunst, alle deine Handlungen, die du im guten
Glauben begehst, zu verstehen, denn du bist ein lebendes Wesen. Es
gibt die Kunst der Dankbarkeit. Die Haltung der Dankbarkeit ist die
höchste lebende Erfahrung in eines Menschen Leben. Es kümmert
mich nicht, ob du an Jesus glaubst oder nicht, ob du an Gott glaubst
oder nicht, ob du an Buddha glaubst oder nicht. Das ist nicht mein
Problem, sondern es ist das deine. Doch sei für jeden einzelnen
Moment dankbar. Denn wisse, dieser Moment wird niemals
zurückkehren.

Beherberge die, die deine Feinde waren, respektiere die, die dich   225
geschmäht haben, und kommuniziere mit denen, die dein ganzes
Leben mit dir gezürnt haben.

Was ist eine Sünde? Betrug an deinem eigenen Bewusstsein. Ein   226
Hindu isst Fleisch, das ist eine Sünde, von der er nicht erlöst werden
kann; ein Muslim isst Schweinefleisch, das ist eine Sünde, von der
er nicht erlöst werden kann. Wenn ein Christ nicht beides tut, so ist
es eine Sünde, von der er nicht erlöst werden kann.

Wenn du den Orangenbaum nicht in seinem Samen erblickst, wie   227
kannst du dann Gott in seiner Welt erkennen?

Leugne nicht das Konzept der Unendlichkeit oder Endlichkeit.   228
Wenn du aufhörst, das zu leugnen, dann wirst du es erkennen.

Sein ist nicht Nicht-Sein, und Nicht-Sein ist Gott-Sein. Wenn dieses   229
Geheimnis verstanden ist, dann ist das Geheimnis des Selbst und des
universellen Selbst verstanden.

Was ist Glaube? Glaube ist, was du glaubst. Wer glaubt? Du. Wer   230
bist du? Selbst. Was ist Selbst? Woher kommt es? Wohin geht es?
Das sind sehr grundlegende Fragen.

Alle Farben sind in dir. Das Universum ist farblos. Alles Glück ist   231
in dir. Das Universum ist ohne Glück. Alle Traurigkeiten sind in dir.
Das Universum ist ohne Traurigkeit. Alles, was existiert, ist in dir.
Das Universum ist ohne Existenz.

Wenn Gott die Heiligen fragte: „Warum habt ihr nicht gesündigt?   232
Warum habt ihr es nicht getan?" Sie würden antworten: „Nun, Gott,
wir lieben Dich." Dann würde Er sagen: „Wusstet ihr nicht, dass ich
voller Vergebung bin?"

Der große Priester sagte: „Wisse nicht. Am Wissen ist nichts   233
gelegen."

Wenn das Suchen endet, hast du gefunden. Solange es eine Suche   234
gibt, suchst du. Wo aber mit dem Suchen aufhören? Das ist die Frage. Beende das Suchen, wenn du einen Mann des Glaubens triffst.
Wer ist ein Mann des Glaubens? Sprich mit ihm auf jeder Ebene.
Wenn er es vermag, dir in jedem Gespräch den Pfad zu Gott zu weisen, dann hast du ihn gefunden.

Du weißt, dass, ohne zu geben, du auch nichts zu nehmen   235
vermagst. Du weißt, dass du niemals erhöht sein kannst, wenn du
dich nicht hingibst. Du weißt, dass, wenn du nicht tiefe Wurzeln
treibst, du niemals erblühen wirst.

Alles ist etwas, und etwas ist alles. 236

Wenn du nicht verzichten kannst, so kannst du nicht geben; und 237
wenn du nicht geben kannst, so kannst du nicht nehmen; und das ist
die Sphäre der Trübsal.

Stille ist die mächtigste Sprache; doch es gibt eine Kunst, still zu 238
sein, und es gibt die Kunst zu sprechen.

Zu geben ist ein Prinzip, und es ist ein immerwährendes Prinzip. 239
Dein Schöpfer gab dir Leben. So wurde er ein Geber.

Für den Weisen ist es nicht obligatorisch, Weisheit zu geben; es ist 240
notwendig, einen weisen Mann nach seiner Weisheit zu fragen.

Wenn du andere verleumdest, wirst du verleumdet. Wenn du ande- 241
re liebst, wirst du geliebt. Wenn du andere täuschst, wirst du getäuscht. Wenn du anderen gibst, wird dir von anderen gegeben.

Besonnenheit führt zu Reinheit. Reinheit führt zu Frömmigkeit. 242
Frömmigkeit führt zu Göttlichkeit. Göttlichkeit führt zu Allumfas-
senheit; und diese führt zu Seligkeit, *ananda,* oder wie auch immer
du es nennen willst.

Weisheit zu kennen ist nichts. Durch das Erfahren von Weisheit 243
entsteht Wissen. Dann vermagst du durch die Zeiten zu bestehen.

Wenn es dort Glück gibt, so wird es dort Traurigkeit geben. Wenn es dort Traurigkeit gibt, so wird es dort Glück geben. Traurigkeit zieht Glück an, Glück zieht Traurigkeit an. Das ist der Kreislauf. Der Nacht folgt der Tag, den Wolken folgt der Sonnenschein, der Jugend folgt das Alter. 244

Einer, der einen Anspruch erhebt, wird stets die Verantwortung tragen. 245

Gott

God

Vom Morgen bis zum Abend wollen wir nur auf einen einzigen   246
Gedanken meditieren: Da gibt es einen Schöpfer, der dieses Universum schuf. Er ist die personifizierte Wahrheit. Das ist das Mantra,
das wir singen.

Ein wahrhaft Suchender ist der, der Gott in seinem eigenen Herzen   247
sucht.

Gott blickt in die Herzen der Menschen; er ist der Urheber aller   248
Sprachen.

Wenn du dich mit dem Unsehbaren verbinden willst, so ist alles,   249
was du zu tun hast, dich in einer sehr einfachen und gewöhnlichen
Position hinzusetzen und dir vorzustellen (*imagine*), ja, wahrhaft zu
verkörpern (*image in*), dass du Ihn erreichst. Denke nicht, dass du
ein Wunder vollbringst; es ist eine einfache Angelegenheit.

Was ist Gott? Ist Er sechs Hände? Zehn Hände? Ist Er eine Mate-   250
rie? Ist Er ein Körper? Nein, Er ist eine kosmische Energie; Er wirkt
durch einen jeden. Alles, was wir fühlen können, wissen können
oder uns vorstellen können, ist Gott. Seine Identität ist Nam, weil Er
die Wahrheit ist; das ist der Grund, warum wir Ihn Sat Nam nennen
können. Er ist Yin-Yang; Er ist positiv und negativ. Er ist Mann und
Frau. Er ist der Schöpfer seiner Schöpfung. Das ist es, warum wir
sprechen, Sat Nam.

Eines Tages fragte ich jemanden: „Wie viele Jahre hast du dich   251
bemüht, den spirituellen Weg zu erlernen?" Er antwortete: „Dreißig
Jahre." Ich sprach: „Was hast du in dreißig Jahren gelernt?" Er ant-
wor-tete: „Ich will einfach sein, will einfach Gott fühlen. Ich will
lernen, mein Karma abzuzahlen. Ich bin nicht perfekt. Ich bin nicht
vollständig. Ich bin jetzt noch nicht unverbunden." Er stellte fünf,
sechs, sieben Fragen. Ich sagte: „Alles, was du lernen musst, ist, all
das, was du gesagt hast, aus dir zu lösen. Das ist alles, was du lernen
musst." Er sagte: „Wie kannst du solches zu mir sprechen?" Ich sagte: „Wer hat dich gemacht? Wer konstruierte dich? Wer gab dir diesen Verstand? Wer gab dir diese Existenz?" Er sagte: „Der Kosmos.
Einige Menschen nennen Ihn auch Gott." Ich sagte: „Nun, bist du
dir dessen bewusst?" Er sagte: „Ja." Ich sprach: „Nun, warum verlässt du dich denn nicht darauf? Warum liest du nicht einfach, was
auf der Dollarnote steht: „In God we trust" – Wir vertrauen auf Gott,
und befreist dich selbst von dem ganzen Problem?" Trust, Vertrau-
en, *Vertrauen* selbst ist Selbstverwirklichung. *I am, I am, ich bin,
ich bin*, ist ein Treueversprechen mit dem Selbst; und wenn diese
Idee begriffen ist, bedarf es nichts Weiteres.

Gott will, dass seine Kinder in Ihm verschmelzen. Doch das   252
Bewusstsein ist nicht gleich und vermag nicht in das große Bewusst-
sein zu verschmelzen. Das ist, warum der Kreislauf von Geburt und
Tod fortbesteht.

Das Geheimnis des Wissens besteht darin, über Gott zu sprechen   253
und nicht über *deinen* Gott. Wenn du über Gott sprichst und nicht
über *deinen* Gott, dann wird die ganze Welt mit dir sein.

Der Zorn Gottes wird über den kommen, der andere Menschen   254
verleumdet; denn Gott wird ärgerlich, wenn seine Schöpfung von
seiner eigenen Schöpfung verleugnet wird.

Warum fürchtest du, dass Gott dir nicht vergeben würde? Sein   255
Name ist Vergebung. Also sei nicht die ganze Zeit in der Furcht,
sonst wird das Feuer der Angst für dich zum Bratrost.

Ein jeder Schöpfer liebt seine Schöpfung. Ein Musiker liebt seine 256
Musik, ein Küchenchef liebt seine Speisen. So liebt auch Gott seine
Schöpfung, und Er erschuf einen jeden Schöpfer mit all seiner
Allmacht.

Ein Knoten, gebunden von einem Mann Gottes, kann auch von 257
Gott nicht geöffnet werden. Aber ein Knoten, von Gott gegeben,
kann von einem Mann Gottes gelöst werden. Warum? Das ist, weil
Gott sich durch seine Avatare[5], durch die, die sich ihm hingeben,
und durch seine Liebe im menschlichen Leibe offenbart, weil der
menschliche Leib ein Kanal der Kreativität eines Geschöpfes des
Schöpfers ist.

Die gesamte Wirklichkeit ist schöpfen, organisieren und auflösen. 258
Diese Kraft, die in stetem Wirken ist, sie ist Gott.

Wenn du von kosmischem Bewusstsein sprichst, so meinst du 259
Gott. Wenn du von universellem Geist sprichst, so meinst du Gott.
Da gibt es keinen Unterschied, es ist ausschließlich ein Unterschied
des Ausdrucks.

Lass uns auf Gott meditieren. Mit Gott meine ich den grenzenlosen 260
Schöpfer, der die Kraft gibt und die Macht ist, durch die unser Atem in
uns umherstreicht, während wir ein- und ausatmen, diese große
Existenz, das große Phänomen der Wahrheit in uns, das uns *satya*[6]
bringt und uns das Leben gibt. Wir sind unbekannt. Um zu wissen,
müssen wir gehen. Von dem Gott, der den Entwurf des Seins machte,
die Augen, die Nase, die Haare, die Schultern, die Hände und Arme,
fülle all dies mit Demut. Ziehe diese große Energie aus dem Universum
und erfahre sie in jeder Zelle deines Leibes. Lass jede Zelle deines
Leibes vibrieren und weite diese Schwingung in alle Dimensionen aus.
Spüre das gleich einem Wirbelwind von Energie, der mit jeder Zelle
deines Körpers kreist. Konzentriere dich einfach und fühle es in dir.

---

[5] Avatar bedeutet: eine Inkarnation des göttlichen Bewusstseins. Sie werden nicht aufgrund karmischer Folgen geboren,
sondern erscheinen zur Führung der Menschen und überblicken ihre Aufgabe von Beginn ihres Erdenlebens an.
[6] Satya, das bedeutet: Wahrheit, Echtheit, Treue und ist eine der fünf Tugenden neben Ahimsā (nicht verletzen), Asteya (nicht
stehlen), Brahmacarya (Lebensführung) und Aparigraha (nicht ergreifen). Wahrheit ist Substanz und Wesen Gottes in allem
Sein und damit allen Seins.

Es gibt nur eine Rechtschaffenheit, Gott ist in mir. Denke nicht 261
über ihn nach, als wäre er im dritten Stock. Du bist Gott; ohne Ihn
existierst du gar nicht.

Gott hat gar nicht die Zeit, einen jeden für falsches Handeln zu 262
strafen. Eine wirklich falsche Handlung ist in sich selbst eine Strafe.
Bitte beschuldige nicht Gott dafür. Alles, was er gemacht hat, war,
dich zu erschaffen und dir Lebensenergie zu geben. Er lässt dich
deine Freiheit leben: Geh los, Mensch, und tu, was immer du willst.
Komm zu mir nach vierundsechzig Jahren und vier Tagen. Wenn du
alles gut gemacht hast, dann werde ich dich sehen; wenn nicht – nun
gut, Gott segne dich. Selbstzerstörung – indem du die ganze Zeit
sonderbare Dinge tust, Selbstverdammung – indem du dich selbst
die ganze Zeit verdammst. Diese Handlungen haben keine andere
Bedeutung außer, dass du die Würde Gottes nicht achtest, das
kreative Prinzip, das deiner Schöpfung zugrunde liegt. Du wirst
deine eigene Zeit durch dein eigenes Handeln erschaffen.

Was ist Gott-Geborgenheit? Wenn du deine eigene Länge und 263
Breite, wenn du deine Höhe und Tiefe nicht finden kannst, das ist
Gott-Geborgenheit.

In unserem Leben gibt es das Konzept der Sünde, das besagt, dass 264
Gott dich am letzten Tag richten wird. So etwas gibt es nicht. Du
wirst durch deine eigenen Annahmen, durch dein eigenes Bewusstsein alle Zeit gerichtet. Du bist jede Minute geplagt. Das ist schon
genug. Das ist eine hübsch anstrengende Hölle, darin zu leben.

Es ist nicht eines jeden Menschen Karma, alles zu lernen. Wenn 265
alle Gott-Geborgenheit erreichten, was würde dann aus der
Schöpfung? Gott wäre beunruhigt. Gott liebt jeden. Er ist nicht in
Eile. Er kennt keine Eifersucht, kein Ego, keine Verwirrung. Er hat
dieses ganze Universum erschaffen, den Körper gegeben, lässt alles
sich erfreuen. Gott ist nicht in Eile, euch alle zu erlösen, damit ihr
alle kommt und Ihn umarmt. Er weiß, wo ihr seid und was ihr tut.

Was immer ihr im Verborgenen oder in aller Offenheit tut, für Ihn ist das ein und dasselbe. Der Unbekannte weiß alles. Er ist das verborgene Auge des Selbst und ist in einem jeden selbst.

Jeder Mensch sollte ein Gebender sein, das ist eine Qualität Gottes. Jeder Mensch sollte ein Arbeiter sein; das ist eine Qualität Gottes. Und jeder Mensch sollte jeder Mensch sein; das ist eine Qualität Gottes. 266

Es ist leicht, Gott zu sein, denn ihr alle habt die Macht. Aber es ist schwieriger ein Guru zu sein, da ihr nicht die Kraft eines Gottes habt. Wenn ihr eine Person zum rechten Bewusstsein dirigiert, wird es ein direkter Zusammenprall des Egos mit einer anderen Person. 267

Die meisten von uns wissen nicht, was Gott ist, und manchmal, gerade so zum Spaß, glauben wir nicht an Gott. Gott schickt uns keine Briefe, in denen er vielleicht schriebe: „Bitte, erkennt mich." Niemals. Keiner von euch hat je eine Weihnachtskarte von Ihm erhalten. Gott existiert nicht aufgrund eures Seins, sondern ihr alle existiert aufgrund Seines oder ESes Seins. Ein menschliches Wesen ist ein Geschöpf, eine Puppe, die an der Schnur des Atems hängt. Und ihr habt keine Kontrolle über euren eigenen Atem. Wenn ihr nicht atmet, dann atmet ihr nicht. Auf diesem Planeten ist nichts bekannt, das es vermag, euch atmen zu machen; nichts. Versteht das in seiner Tiefe. 268

Gott hat so viele Elemente, wie ihr euch in Seiner grenzenlosen Kapazität vorstellen könnt. 269

Der Mensch muss in seiner tatsächlichen Wirklichkeit und Wahrheit leben, weil Wahrheit Gott ist und Gott Wahrheit. 270

Gott ist kein Phänomen. Er ist grenzenlos. Er ist grenzenlos, aber 271
Er ist auch begrenzt. Er ist genauso ein menschliches Wesen. Er
spricht. Er schüttelt dir die Hand. Er tanzt mit dir. Er tut alles mit
dir. Wir müssen diese Energie verstehen, in der das Grenzenlose
genauso begrenzt ist. Warum sind deine Arme an deinen Schultern?
Warum nicht an den Hüften? Warum hast du zwei Augen, warum
nicht ein großes Auge in der Mitte? Warum atmest du nicht durch
die Knie? Warum hast du eine Nase in der Mitte deines Kopfes? Da
gibt es einen Architekten, der dich als einen Entwurf geschaffen hat.
Entsprechend dieses Entwurfes wurdest du gebildet in Form und
Ausführung. Diese Energie, jenseits aller Erwartungen, kann nicht
geleugnet werden.

Wenn ein Mensch in seinem Wesen Würde hat, ist bewiesen, dass 272
Gott ihn gefunden hat. Zufriedenheit bedeutet nur, dass ein Mensch
die Haltung der Dankbarkeit in seinem Leben besitzt.

Gott lebt nicht im 7. Stockwerk, und es führt kein Lift zu ihm 273
hinauf. Du bist Gott. Er ist dein Ausdruck. Er ist deine Identität in
der Existenz. Das ist der Grund, warum Gott überall ist. Weil, wo
immer du bist, Gott ist. Weil, wo immer du etwas erzeugst,
organisierst und auflöst, dies ein Bruchteil desselben ist, das bereits
im universalen Menschen manifestiert ist. Darum können wir den
Schluss ziehen, dass der Mensch das Abbild oder die begrenzte
Handlung der universalen Handlung in der Manifestation ist.

Es ist wahr, dass zwischen Mensch und Gott kein Unterschied ist. 274
Der Unterschied ist in der Erkenntnis. Der Mensch hat niemals
erkannt, dass er Gott ist, der Mensch hat stets erkannt, dass er ein
Mensch ist. Er ist ein menschliches Wesen. Als ein menschliches
Wesen hat er niemals erkannt, dass es dort ein Wesen in ihm gibt. In
ihm gibt es ein grenzenloses Sein.

Wir haben in uns selbst unsere eigene Einzigartigkeit nicht begriffen. Wir haben in uns selbst die Gesamtheit unseres Vermögens nicht begriffen. Stets verbinden wir uns mit unserer Begrenztheit. Oh Verstand, du bist ein Licht und du bist ein lebendiges Licht, aber du weißt, wer du bist. Wer bin ich? Bin ich ein Finger? Ja, ich bin ein Finger, zu handeln. Aber ich bin nicht ein Finger. Bin ich ein Gehirn? Ja, zu handeln, bin ich ein Gehirn, aber ich bin kein Gehirn. Bin ich ein Herz? Ja, zu handeln, bin ich ein Herz, aber ich bin kein Herz. Dann aber, was bin ich? Ich bin eine Vereinigung wirkender Kraft. Wenn ich aber eine Vereinigung wirkender Kraft bin, was ist meine Quelle? Meine Quelle liegt jenseits meines Selbst. Und was ist mein Jenseits? Grenzenlosigkeit. Nenn es Gott, nenn es Buddha, nenn es alles.

Gott ist nicht, was du sprichst. Gott ist eine Erkenntnis. Ein Wort ist eine Mitteilung.

Wir haben niemals verstanden, was Gott ist. Auf der anderen Seite sagen wir: „Gott ist überall, weiß alles und vermag alles." Wir sprechen es aus. Wir wissen es. Wir alle stimmen darin überein. Wir erwarten, Ihn in einer Kirche, in einem Tempel zu finden; wir finden ihn hier, wir finden ihn da. Gott ist ein Stab, Gott ist eine Tasse, Gott ist ein Mann, Gott ist eine Frau; Gott ist alles und Gott ist nichts – Gott ist alles, das in irgendeiner Ganzheit existiert. Ein Molekül besteht aus Atomen, ein Atom besteht aus Elektronen, Protonen und Neutronen, und die Permutation und Kombination von Elektron, Neutron und Proton sind konstant. Der Tanz geht weiter, die Schwingung existiert. Hindus nennen es *Anhat,* Christen nennen es Kommunion, Buddhisten nennen es Licht, Konfuzianer nennen es Weisheit. Ein Sikh kennt es unter dem Begriff Ekstase. Alles ist eins und eins ist alles.

Die Zeit ist gekommen, in der wir als Eins leben sollten. Versucht 278 nicht länger Gott zu finden. Ich weiß nicht, wer Gott ist. Lasst uns ganz rein und ehrenhaft und klar sein, dann wird er uns finden. Rennt Ihm nicht nach; Er wird euch nachlaufen, vorausgesetzt, ihr wisst, wie ihr klar bleibt, vorausgesetzt, ihr kennt Liebe, vorausgesetzt, ihr wisst, wie ihr ehrenhaft bleibt.

Warum hat Gott diese Welt erschaffen? Einfach, um erkannt zu 279 werden. Das liegt in seinem Instinkt, und derselbe Instinkt ist in uns. Wir wollen erkannt sein, so wie Er erkannt sein will. Wir sind das kleine Abbild Gottes, wir sind kleine Götter, weil wir eine Zirbeldrüse haben. Der beste Weg, erkannt zu werden, ist, wenn eure Zirbeldrüse zu arbeiten beginnt. Dann kennt ihr die Vergangenheit, die Gegenwart und die Zukunft. Dann seid ihr sorgenfrei, denn ihr wisst, was was ist.

Was immer Er ist, Er ist du, und du bist Er. 280

Mach dir keine Sorgen. Nur Narren sorgen sich. Menschen Gottes 281 hören stets auf das Lied Gottes. Wenn euer Leib als eine Einheit Gott loben wird, dann wird die ganze Welt euch preisen.

Wenn du glücklich bist, dann ist es eine Segnung Gottes. Wenn du 282 unglücklich bist, dann ist es eine Prüfung Gottes.

Alle Lehren, ob sie in der Vergangenheit, in der Gegenwart oder in 283 der Zukunft gelehrt wurden oder werden, haben einzig eine Idee, und diese eine Idee besteht darin, den Menschen dahin zu führen, Gott bewusst zu erkennen. Das Geheimnis aller Lehren, aller Meister, aller Gurus, aller Boten und aller Messiasse ist das eine, dass der Mensch auf jeder Ebene, unter allen Umständen die Macht besitzt, sich selbst in ein übermenschliches Wesen zu verwandeln, indem er bewusst den großen Gott erkennt. Das nennen wir Gottheit.

Was ist Gott-Bewusstsein? Gott-Bewusstsein ist die Gesamtheit im menschlichen Wesen. 284

Herr, Du bist Antwort auf jedes Problem, und Du bist das Problem einer jeden Antwort. 285

Wenn Gott dich kennt, kannst du dich entspannen, Er wird dich lieben. 286

Es gibt viele Formen der Meditation. Es gibt Formen einer Meditation. Es gibt viele Religionen, die den Ursprung erklären, doch es gibt nur einen Ursprung. Es gibt viele Wesen. Sie sind Teil des einen höchsten Seins. Es gibt viele Wahrheiten der höchsten Wahrheit, doch es gibt nur eine Wahrheit. Es gibt viele Arten des einen Weges; in Wirklichkeit ist da nur der eine Weg. 287

Ein Mensch kann bewirken, dass der Ratschluss Gottes sich wandelt; Gott vermag nicht zu bewirken, dass ein Mensch sich wandelt. Das ist ein kosmisches Gesetz. Der Schlüssel kann das Schloss öffnen, aber das Schloss kann nicht den Schlüssel öffnen. Der Schalter kann das Nachtlicht einschalten. 288

Was bedeutet Gott in Wirklichkeit? Es bedeutet das Prinzip des Erzeugens, das Prinzip des Organisierens und das Prinzip der Auflösung. Es bedeutet die Ganzheit des Schöpfens, die Ganzheit zu betreiben und die Ganzheit aufzulösen. Die vollkommene Ganzheit bedeutet symbolisch ein Wort: God. Generation, organisation, destruction – Gott. Erzeugen, Organisieren und Auflösen – alles ist Gott. 289

Gott ist nichts anderes als Universalität in der Erfahrung. Wenn du   290
ein universales Bewusstsein in deinem begrenzten Bewusstsein
erfährst, das ist Gott. Wenn ihr sagt, wir vertrauen auf Gott, so
bedeutet das, wir vertrauen auf unser eigenes universales
Bewusstsein.

Die Wirklichkeit kennt nur Der Wirkliche Eine, und Der Wirkliche   291
Eine ist der, der alle Wirklichkeit kennt.

Der eine, der einen Guru zum Führer hat und Gott in dem Guru, der   292
hat Gott und den Guru mit sich und wird niemals alleine sein.

Gott hat dich einfach zur Erde geschickt, so wie Eltern ihr Kind   293
zum Kindergarten und zur Schule schicken, in der Hoffnung, dass
du etwas Weisheit findest.

Einen Menschen zu verleugnen und über einen Menschen zu   294
Gericht zu sitzen, bedeutet, Gott zu richten, denn der Schöpfer ist
verantwortlich für seine Kreatur.

Augen sind das Licht der Seele, Ohren sind das Instrument des   295
Göttlichen, die Zunge ist die Schöpfungskraft des Schöpfers. Das ist
die Dreiheit, die die Gesamtheit des Gott-Bewusstseins ausmacht.

Wisst ihr, welch ein großer Zauberer Gott ist? Er ist der größte   296
Meister aller Tricks, den ich je gesehen habe. In ein kleines
Spermatozoon und in ein hübsches kleines Ei, das nicht einmal eine
Schale besitzt, hat Er den großen Entdecker des Gott-Bewusstseins
gelegt, den wir Mensch nennen. Staune über die Tiefe dieser großen
Organisation.

Bedenke das eine Gesetz, das ich gelernt habe: Diejenigen, die nicht lernen zu einem Mann zu gehören, den sie lieben, die werden niemals die Kunst verstehen, zu einem Gott zu gehören, den sie niemals kennen werden. 297

Es gibt kein einziges menschliches Wesen, das dein Schicksal zu schreiben vermag; da ist nur das Eine, das eines jeden Schicksal schreibt. 298

Er schaut nach dir, und Er lebt in dir. Ich versichere dir, Er ist in dir. Du bist die Manifestation dieses Gottes. 299

Der Mensch kommt nicht auf diese Welt, um Gewinn zu machen. 300 Frage nicht nach irgendwelchen Dingen. Sei eins mit dem Göttlichen; das ist die äußerste kosmische Energie, mit der du verschmelzen sollst. Wenn du dieses Mantra rezitierst, so ist das gleich Millionen und Milliarden von Sonnen: *Ek Ong Kar Sat Nam Siri Wha Guru*. Und der Tag wird kommen, wenn du alles Licht in dir haben wirst, so viel, dass du es nicht in Worte zu fassen vermagst. Da gibt es keine Worte und keine Zunge, die zu sprechen vermag, wie hell dieses Licht ist; doch gedenke, dass du dieses Licht sehen wirst, und dass es das einzige Licht ist, durch das du den Kreislauf des Karmas überwinden kannst; dann verwirrt dich nichts. Lebt als normale Wesen, jenseits der Macht des Kreislaufs der Zeit. Um den Kreislauf anzuhalten, so verlange zuerst einen Wechsel in dir. Du musst Macht in dir haben; ohne sie kannst du den Kreislauf der Zeit nicht anhalten. Er trifft dich wieder und wieder. Er macht dich reich und arm. Er macht dich gesund und krank. Er macht dich groß und klein. Das ist das Fließen des Laufs der Zeit. Du kannst gehen und kommen, du kannst eine andere Geburt wählen; wieder gehst und kommst du. So ist es einfach ein Kreislauf, und du arbeitest darin, und was hast du mit all dem zu tun? In diesen Kreislauf trittst du in den anderen Kreislauf. Das ist alles.

Verstand / Geist

Mind

Meditation ist die schöpferische Kontrolle des Selbst, in der das Unendliche zu dir sprechen kann.

301

Alles Sprechen, alles Denken und alle Absichten müssen rein sein.

302

Erobere deinen Verstand und du wirst die Welt erobern. Welchen Verstand? Den bewussten Verstand? Nein. Den höchsten bewussten Verstand? Nein. Welchen Verstand? Den unterbewussten Verstand. Wenn du deinen unterbewussten Verstand eroberst, dann gewinnst du die Welt.

303

Ein entspannter Verstand ist ein kreativer Verstand und ein kreativer Verstand ist ein entspannter Verstand, und nur ein entspannter Verstand kann auf den einen Punkt konzentriert werden, und ein Verstand, der auf den einen Punkt konzentriert ist, ist der wunderbarste Verstand; er ist am allermächtigsten, er vermag alles zu tun.

304

Die Reinheit des Verstandes ist die notwendige Grundlage für den Menschen, um die höchste spirituelle Macht zu haben.

305

Deine Gesamtheit wird durch den Verstand nur als ein Ego identifiziert. 306

Wenn du deine Gedankenwellen nicht durch den Willen kontrollierst, dann werden die Gedanken entweder aus dem unterbewussten Verstand oder aus dem kreativen Verstand fließen. 307

Wenn du sagst: „Ich bin ein Gott-bewusster Mensch", bedeutet das, dass du begreifst, dass deine geistige Kapazität Unendlichkeit ist. 308

Der Verstand ist eine energetische Einheit, die dir gegeben wurde, um dir zu dienen. Sei ihr Führer und nicht ihr Sklave. 309

Oh Geist, du bist Teil des universalen Lichts; erkenne dich selbst als der, der du bist. 310

Avatare sind gekommen, die Lehren sind gekommen, die Schriften sind da, einfach um die Menschen zu lehren, dass du selbst der Meister des dir gegebenen Verstandes bist. Erlaube nicht dem Verstand, dich zu führen und Gewohnheiten zu bilden, sonst wirst du als ein Sklave enden. 311

Der aktive Verstand wird ruhig, wenn du meditierst, und der passive Verstand wird aktiv. Wenn Gedanken zu dir kommen, werde nicht ärgerlich; lass sie durchfließen; und wenn sie abgeflossen sind, sitze einfach da und lache, dass sie vergangen sind. Fühle dich entspannt, dann wirst du niemals Träume haben. Nach einiger Zeit der Meditation, wirst du zu einer anderen Zeit gelangen, in der kein Gedanke aus dem passiven Geist entlassen wird. Dann wirst du den Zustand der Seligkeit genießen. 312

Beginne mit deinem Verstand zu kommunizieren. Der Verstand ist 313 dein Freund und ist allezeit mit dir. Der Verstand wird dir die Erkenntnis des Gott-Bewusstseins bringen. Der Verstand wird dir tiefen Schlaf geben. Der Verstand wird in deinen Träumen da sein. Der Verstand ist, was du siehst, wahrnimmst, sprichst und hörst. Deine ganze Welt ist im Verstand.

Alles ist in deinem Geist. Er ist dein Dreh- und Angelpunkt. 314 Jenseits des Geistes, was hast du noch?

Wenn wir uns begrenzt fühlen, werden wir begrenzt. Wenn wir uns 315 grenzenlos fühlen, werden wir grenzenlos.

Dieser Planet Erde ist ein Besuchspark. Hier sind wir nur vorüber- 316 gehend aufgrund einer Einreiseerlaubnis. Wenn das Visum abgelaufen ist, musst du gehen. So ist das Gesetz: Als Licht bist du gekommen, und als Licht kannst du gehen. Das ist die Bedingung auf deinem Visum. Aber die Last, die du hier trägst, wird dir zu den eigenen Fesseln und hält dich an die Erde gebunden. Aber der Verstand, der ein Teil des universellen Verstandes ist, mit dessen Gedankenmustern in seinem Ganzen trainiert und mit den Dingen, die materiell und irdisch sind, unverbunden – dieser Verstand lebt in der Haltung der Dankbarkeit und lässt die Seele ziehen.

Vom Beginn seiner Existenz an ist der Mensch frei von 317 Gewohnheiten, und diese Freiheit ist ihm gegeben worden. Aber je weiter wir uns entwickeln, desto mehr entwickeln wir langsam Gewohnheiten, und so gewöhnt sich der Mensch an ständige Gedankenmustcr, dass er sie schließlich intellektuell rechtfertigt.

Du bist, was du denkst. Deine geistige Projektion ist die höchste Projektion, während du im menschlichen Körper existierst. Zu jeder Zeit, wenn du im Geiste ein Gesetz denkst, wirst du zum Gesetz. Da gibt es kein Problem. Nichts kommt von außen. 318

Wenn du erkennst, was es heißt: „Ich bin auf der Ebene der Existenz", dann weißt du, dass dein Verstand etwas vollständig von dir Getrenntes ist. 319

Ein Mensch muss seine eigenen intellektuellen Gedankenwellen der Führung seines Willens unterwerfen. 320

Du musst akzeptieren, dass du du bist und dass du genauso dein Verstand bist. Wenn du eine Beziehung zwischen dir und deinem Verstand hast, wird er alle Probleme beantworten. 321

Alles existiert. Der Mensch wurde gesegnet. Diese Segnungen erreichten den Menschen durch die Kreativität des Geistes. Geistige Aktivität kann so machtvoll werden, dass der Mensch sogar den Tod aufzuhalten vermag. 322

Was ist eine Gewohnheit? Wenn der Verstand entsprechend einer Aktivität eingestellt ist, so ist das als Gewohnheit bekannt. Zuerst stellst du deinen Verstand auf die Aktivität ein, und dann ist die Gewohnheit begründet. Du wirst verleumderisch, wenn deine Gewohnheit Verleumdung ist; du wirst göttlich, wenn deine Gewohnheit göttlich ist. 323

Gedenke, dass du die Macht hast, deinen Verstand so auszudehnen, dass er auf einen einzelnen Gegenstand gerichtet sein kann. Der Verstand hat keine andere Bewusstheit als die Gegenwart; der Verstand folgt der Gegenwart. Die Übungen, die wir euch geben, haben die Aufgabe, dass euer Verstand die Gewohnheit der Konzentration entwickelt. Das Geheimnis liegt darin, eure geistige Energie zu bündeln. Und in dem Moment, in dem ihr versteht, eure geistige Energie zu bündeln, bereitet ihr einem Umstand das Ende: Es wird keinerlei Probleme mehr geben. Probleme existieren, wenn ein Mensch die geistige Energie nicht zu konzentrieren vermag, seinen Weg durch die Umstände zu finden.

324

Nichts, was begrenzt ist, vermag sich selbst mit dem Grenzenlosen zu vergleichen. Das ist der Unterschied in dieser Existenz. Wenn ihr euren Geist dahingehend trainiert, dieses zu verstehen, dann seid ihr grenzenlos, dann ist aller Lohn für euch grenzenlos; und wenn ihr selbst euch dahingehend trainiert, dass ihr begrenzt seid, so wird alles für euch begrenzt sein.

325

Oh Geist, als du nicht geboren warst, da warst du eins mit der Unendlichkeit. Dir wurde dieser begrenzte Körper gegeben, um zu erkennen, dass die Grenzenlosigkeit auch in der Begrenztheit ist, und du wirst diesen Körper verlassen, um in diese Grenzenlosigkeit zurückzukehren. Oh Geist, dann wirst du wieder eins sein mit der Grenzenlosigkeit, warum also hast du Angst? Wenn Gott dir Anmut gegeben hat, dann hat Er dir Anmut gegeben. Als du ein Kind warst, wurde für dich unter widrigen und glücklichen Umständen gesorgt. Doch durch alle Umstände sorgte Er für dich und brachte dich an die Küsten der Reife. Jetzt, da du reif bist, warum sorgst du dich?

326

Wenn ein Mensch zu jeder Zeit der Auffassung ist, dass er nicht ein Teil der Unendlichkeit sei, begrenzt er sich selbst. Unser Verstand ist nichts anderes als ein Spiegel, in welchem das universelle Licht, der Kosmos, die Grenzenlosigkeit durch unsere Gewohnheiten und unser Handeln, mit dem wir uns vorzüglich mit der Materie auf der Erde verbinden, reflektiert werden kann. In den Schriften ist das als der Sumpf der Zeit bekannt. Der Sumpf der Zeit ist ein Zustand des Verstandes, in dem der Mensch, jenseits seines universalen Bewusstseins, Umständen und Dingen den Vorzug gibt. 327

Was liegt zwischen Körper und Geist? Der Verstand. 328

Wenn der einzig auf einen Punkt ausgerichtete, grenzenlose Strahl des Verstandes sein Signal in die Unendlichkeit zu senden beginnt und die Unendlichkeit sich mit dem Begrenzten verbindet, dann wird das Teil geeint, und dies nennt man den höchsten Zustand des yogischen Geistes. 329

Wenn du nicht deinem unterbewussten Verstand zu begegnen vermagst, wie in Gottes Namen wirst du Gott begegnen? 330

Was sind gute und was schlechte Taten? Eine gute Tat ist, wenn wir Unterbewusstsein festigen, und eine schlechte Tat geschieht, wenn wir unser Bewusstsein betrügen. Es spielt keine Rolle, was unser Bewusstsein ist, aber wir müssen entscheiden, es lenken und ihm entsprechend leben. Da gibt es nichts Gutes und nichts Schlechtes, aber aus unserem Denken entsteht solches. 331

Wir denken, dass wir sterben. Wir denken, dass wir leben. Wir denken, dass wir existieren. All dieses Denken ist unbedeutende Wahrheit. 332

Vermag der Verstand nicht zu entspannen, dann scheitert alles 333
Bemühen.

Die Seele sieht und sieht doch nicht. Das Unterbewusste sieht, und 334
dann bearbeitet es das Gesehene und sendet seine Signale zum
höchsten Rechenwerk; das geschieht ständig.

Der Verstand des Wesens hat keine Grenzen und keine Richtung. 335
Du beginnst gerade jetzt irgendetwas zu denken, und dann änderst
du den Gedanken. Wer ändert den Gedanken in deinem Verstand?
Du bist es. Wenn du mit dem einen, der den Verstand oder die
Gedanken des Intellektes austauscht, eine Beziehung aufbaust, dann
kontrollierst du dein Alles. Und wenn eine Person ihren Strahl der
universalen Energie kontrolliert, dann wird auch ihr Geist universal
in der Erfahrung.

In dem Moment, in dem das körperliche Wesen zusammenbricht 336
und sich die Seele aus ihrer körperlichen Struktur zu ihrer astralen
Struktur hinwendet, sagt der Verstand: „Okay, good bye. Ich hatte
genug." Dann, in dem Moment, ergreift der Verstand, wenn er seine
Macht in der Grenzenlosigkeit begründet, die Seele und zieht sie
dahin. Wenn der Verstand an das Begrenzte gebunden ist, dann führt
er die Seele im gleichen Maße. Du musst dich daran erinnern, dass
die Persönlichkeit auf deinem verstandesmäßigen Selbst
basiert.

Der Mensch entscheidet alles, weil alles in seinem Verstand 337
begründet ist. Ich bin ein Yogi, weil es so in eurem Verstand
begründet ist. Wenn ich ein perfekter Meister bin, so ist das so, weil
es in eurem Verstand so begründet ist. Wenn ich ein Verrückter bin,
dann ist es, weil es so in eurem Verstand begründet ist. Alles ist in
eurem Verstand. Neben diesem existiert gar nichts mit euch. Ihr
lernt, weil es euer Verstand ist, der da lernt. Ich lehre, weil es der
Verstand ist, der lehrt.

Wenn ihr euch dahin wendet, ausschließlich Verstand zu sein, dann seid ihr ungerecht zu eurem Verstand und zu eurer Seele. Wenn ihr alles auf der Basis eures Verstandes kalkuliert, dann könnt ihr nicht das richtige Ergebnis erlangen. Ihr rechnet falsch. Der Intellekt sendet die Gedanken. Diese Gedanken müsst ihr mit dem Körper und mit der Seele prüfen, denn ihr seid so sehr Körper als auch Seele als auch Verstand. 338

Der Verstand muss in Kreativität konzentriert sein, um die Verbindung zum totalen Universum zu erzeugen. Das ist gemeint, wenn wir von kreativer Meditation sprechen. 339

Physik benutzt die Sprache der Symbole. Ihre Symbole sind niemals falsch, aber ihre Interpretation ist manchmal blockiert. Doch der intuitive Verstand ist unterschiedlich. Er erhält die Botschaften wie ein Fernschreiber. Er erhält sie völlig klar und muss sie nicht erst dekodieren. Der intuitive Verstand handelt mit den Sonnen-zentren. Die Seele handelt mit dem Solarplexus. 340

Einige Menschen sagen, alles ist Verstand, und es gibt keine Notwendigkeit für einen Körper. Nun, ich will dir eine Geschichte erzählen. Ein Student kam zu mir, und ich sagte zu ihm: „Nimm dieses Schwert und schlage dir den Kopf ab. Wofür brauchst du die-sen Körper? Schneid ihn einfach ab und dann werden wir uns auf einem astralen Niveau weiter unterhalten. Wenn der Verstand alles ist, warum tust du es nicht einfach?" Nur für die, die den Schöpfer des Verstandes gefunden haben, ist der Verstand wirklich alles. 341

Wer ist das in dir, der den Verstand kontrolliert? Man nennt es den Willen des Wesens. Er ist also ein Teil des Verstandes. Der Verstand ist wie eine Zwiebel. Er hat so viele Lagen. Wenn du die Zwiebel schälst, so wirst du nichts finden. 342

Der unterbewusste Verstand ist wie eine im Gehirn fixierte   343
Fernsehkamera. Er ist Teil deines Verstandes. Er filmt ganz
bewusst, er nimmt dich auf, und du kannst ihm nicht entkommen.

Du solltest bewusst meditieren und zu deinem unterbewussten   344
Selbst sprechen.

Wenn es zur Verhandlung kommt, erzählt dir das Unterbewusste   345
die Geschichte. Es hat alles aufgezeichnet, wie kannst du dann
argumentieren? Wie kannst du mit dir selbst streiten? Gott will dich,
aber du kannst Ihm nicht begegnen. Also, wenn ein Mensch sich
versteckt, vor wem versteckt er sich dann? Vor seinem unterbewussten Verstand. Er versteckt sich vor seinem eigenen Fotografen.

Verstehe, dass du dich selbst zu verstehen hast; und durch das   346
Verständnis des Selbst musst du die Wahrheit erfahren. Das wird
den Geist stetig machen.

Dein unterbewusster Verstand wird dich nicht gehen lassen: Und   347
wenn er dich nicht gehen lassen wird, warum bereitest du dich selbst
nicht jetzt darauf vor? Ist das zu viel verlangt?

Was ist die Projektion des Verstandes? Ist der Verstand ein   348
körperliches Organ, das du einfach herausnehmen kannst? Nein. Ist
er der Intellekt, der dir einen stetigen Strom von Gedanken gibt?
Nein. Ist er das Individuelle und seine wirkende Energie in ihm?
Nein. Ist er das Individuum selbst? Nein. Ist er Gott? Nein. Was ist
er? Wenn du weißt, was er ist, dann weißt du alles. Er ist die
Verbindung zwischen deiner realen Existenz und deiner totalen
Unbegrenztheit.

Den Verstand zu beherrschen ist nur eine Kunst des Bestehens im Zustand der Seligkeit. 349

Der Verstand ist das Kind, das Gott dir gegeben hat, damit du die Gewalt über die Zeit haben sollst. Wenn du diesen Verstand einfach freilässt, so wird er dir eine Hölle der Zeit bereiten. Der beste Freund und das hübscheste Kind, das wir besitzen, ist der Verstand. Wenn er unschuldig ist, lächelt er und tut seine Arbeit. Dann wird der Verstand erwachsen. Dann will er heiraten. So wird er mit Maya verheiratet und wird verwirrt und vergisst dich vollständig. 350

Wenn du nicht deinen Verstand meisterst, vermagst du nicht das Geheimnis der Existenz zu erfahren. 351

Wenn das individuelle Bewusstsein den unterbewussten Verstand kontrolliert, dann wird der universelle Geist erfahren. 352

Wenn der unterbewusste Verstand gewöhnlich bewusst vom Individuum kontrolliert wird und das Individuum sich nicht gewöhnlich mit seiner negativen Vergangenheit verbindet, sondern sich mit der grenzenlosen Natur verbindet, dass sie ihn segne, diese Person erreicht das höchste Bewusstsein als lebendes Wesen. In den okkulten Wissenschaften wird er bekannt sein als *Jiwan mukti*. Mukti bedeutet „Rettung", Mukti bedeutet „den Kreislauf des Karmas beendet haben", und Jiwan bedeutet „leben". 353

Wir sind stets mit unserem Verstand verbunden. In dem Moment, in dem wir Verbindung mit unserer Seele aufnehmen, wird der Verstand unser Diener. Wenn der Verstand unser Diener wird, dann dient uns die gesamte Natur. 354

Du hast den bewussten Teil deines Geistes, den Verstand und dein 355
Unterbewusstsein. Wenn du dein Unterbewusstsein bewusst zu
kontrollieren vermagst, dann bist du ein bewusster Mensch. Wenn
du dein Unterbewusstsein bewusst kontrollierst, dann wirst du dein
Meister.

Der Verstand kann auf zwei Arten kontrolliert werden. Der 356
Verstand folgt der Atmung, und der Atem ist die zarte Anweisung
Gottes. Um deinen Verstand durch den Atem zu kontrollieren,
kannst du dich entschlossen beruhigen.

Du kannst einem Heiligen oder einem Yogi oder einem perfekten 357
Meister folgen, ihm all dein Vermögen geben und Asche auf deinen
Kopf streuen, auf die Spitze eines Berges klettern und dich selbst
töten. Doch all das wird nicht funktionieren, denn die einzige
Freiheit, die du bewusst erreichen kannst, ist die Freiheit von
deinem Unterbewusstsein, und dein Unterbewusstsein zeichnet dich
auf. Alle deine Handlungen werden von deinem unterbewussten
Verstand aufgezeichnet. Die Depression der Persönlichkeit resultiert
aus der Depression im Bewusstsein, die ihr vorausgeht. Das
Unterbewusstsein hat die Macht, den Fluss der Energie aus dem
Astralleib zu blockieren. Dort gibt es ungeheure universale
Energien, 11 000 Volt, aber du hast nur 110.

Die Niedergeschlagenheit im Bewusstsein ist die wahre Ursache 358
deines Schwankens. Dein Irren ist nicht darin begründet, dass du zu
irren vermagst; ein Irrtum geschieht; weil du im Bewusstsein irrst,
ist eine „Beule" in deiner Bewusstheit. Du bist dir, deiner Existenz,
nicht wirklich bewusst. Darum bist du auch deiner Reaktion nicht
wirklich bewusst. Wenn du nicht wahrhaft bewusst bist, in Bezug
auf das, was du tust, und welche Folgen es haben wird, dann willst
du auch die Reaktion nicht akzeptieren. Wenn du aber die Reaktion
nicht akzeptieren willst, muss eine Depression eintreten.

Denken ist die projizierte Wellenlänge des Verstandes. Intellekt ist 359
die allgemeine Quelle im Universum; wenn du also den Intellekt in
die gemeinsame Quelle zu speisen vermagst, so kannst du deine
Gedankenwellen in das Denken einer jeden solchen Quelle einleiten.
Das bedeutet, dass ein Individuum die Gedankenwellen eines
Wesens an jedem beliebigen Ort auf dem Planeten Erde kontrollieren kann. Du kontrollierst nicht nur das Denken, du kontrollierst
auch das Handeln. Du kontrollierst nicht nur das Handeln, sondern
du kontrollierst das Schicksal.

Das ist der einzige Unterschied zwischen dem Tier und dem 360
Menschen-Tier: Dein Verstand hat die Macht der Unbegrenztheit,
während das Tier solches nicht besitzt. Das ist der Unterschied.
Darüber hinaus ist alles gleich. Das Tier ist ein Leben, du bist ein
Leben. Das Tier ist, du bist, das Tier scheidet aus, du scheidest aus.
Das Tier wäscht sich mit der Zunge, du wäschst dich unter der
Dusche. Das macht keinen Unterschied. Doch die Tatsache bleibt,
dass dein Verstand gleichsam Herr ist über die Zeit, während sein
Geist der Zeit unterworfen ist, weil seine Instinkte der Zeit
unterworfen sind. Wenn ein Tier Paarungszeit haben will, muss es
auf den Frühling warten, du brauchst das nicht. Wenn du
verkehren willst, kümmerst du dich nicht einmal um normale soziale
Höflichkeiten. So bist du nun einmal, weil deine Instinkte unter
deiner Kontrolle stehen. Die Instinkte des Tieres sind unter der
Kontrolle der Zeit. Das ist der einzige Unterschied zwischen dir und
dem Tier.

Du kommunizierst mit dir. Dein Verstand kommuniziert mit 361
deinem Verstand. Jetzt musst du allerdings verstehen, welcher
Verstand, denn dein Verstand kommuniziert mit deinem Verstand.
Ein Verstand ist der Verstand des Intellekts und der Sinne, der
andere Verstand ist der, der aufzeichnet, was der Verstand des
Intellekts tut. Das nennen wir Bewusstsein.

Der intellektuelle Verstand hat was erschaffen? Gedanken. 362
Gedanken haben was bewirkt? Emotion. Emotion hat was zur
Folge? Sehnen. Sehnen hat was bewirkt? Das Objekt, die Handlung.

Der Streit der Sinne besteht zwischen dem höheren Sinn, dem 363
höheren Bewusstsein und dem individuellen Bewusstsein. Das
begrenzte und das unbegrenzte Bewusstsein stehen stets im
Wettstreit. Da gibt es kein Ende. Das wird niemals aufhören.

Du hast einen Polizisten in dir. Dieser Polizist ist dir vorgesetzt und 364
wird von keinem anderen bezahlt, als von dem allmächtigen Schöpfer. Und diesen Schöpfer nennen wir in der wissenschaftlichen
Sprache heute das Unterbewusstsein bzw. den unterbewussten
Verstand. Du kannst keine einzige Handlung, keinen einzigen
Gedanken vor dem Unterbewusstsein verbergen. Das Unterbewusstsein zeichnet dich auf, und es plagt dich. Es plagt dich des
Nachts, wenn du schläfst, durch deine Träume. Es nimmt dir all
deine Nervenenergie und lässt dich mit nichts zurück.

Die Grenzen des Unterbewusstseins zu durchbrechen, bedeutet die 365
Vereinigung des einzelnen Bewusstseins mit dem höchsten
Bewusstsein; du darfst nicht das geringste Missverständnis in Bezug
auf das Yoga haben. Wenn der bewusste Verstand durch die
Grenzen der unterbewussten Blockade bricht und in das höchste
Bewusstsein eindringt und mit ihm verschmilzt, diese Vereinigung,
das ist Yoga, ist ein Geschehen, und wir suchen dieses Geschehnis,
denn das Begrenzte muss sein grenzenloses Potenzial erfahren.

Was ist ein Schuldbewusstsein? Das ist, wenn du bewusst vermeidest, etwas zu tun, und es dennoch tust; ein schuldiges Bewusstsein ist nichts anderes, als dass du bewusst etwas tust, von dem du weißt, dass du es nicht tun solltest. Wir nennen das unterbewusste Blockaden. Zwischen dem Bewussten und dem Überbewussten gibt es ein Unterbewusstes. Wenn es eine Menge Blockaden im Unterbewusstsein gibt, dann wirkt das Bewusstsein als Gewissen und das höchste Bewusstsein als das höchste Gewissen, und zwischen ihnen gibt es keine Verständigung.

366

Das Mikrobewusstsein sollte mit dem Makrobewusstsein im Gleichgewicht sein. Das Ungleichgewicht zwischen Mikro- und Makrobewusstsein ist als die menschliche Tragödie bekannt.

367

Jeder muss sehr bewusst mit seinem eigenen Verstand umgehen. Die beste Art ist es, nicht jede einzelne Handlung, für die das Unterbewusstsein dich ergreifen kann, aufzuzeichnen. Als Zweites gilt, tu niemals irgendetwas, das du dir selbst nicht zu erklären und am Prüfstein der universellen Wahrheit dir selbst nicht zu begründen vermagst. Drittens: Verrichte niemals eine Handlung, deren Konsequenzen du nicht begegnen kannst, denn die erste Instanz, die reagiert, wird dein eigenes Unterbewusstsein sein. Viertens: Verbinde dich niemals mit deiner niederen Natur, mit einem Freund von niederer Gesinnung oder negativen Absichten oder negativer Umgebung. Bewirke aus deinem Willen, dass du in den ersten Stunden aufstehst und den ersten Klang, das Wort des Beginns wiederholst, denn wenn das Wort des Beginns wahr ist, so bist du wahr.

368

Der Verstand ist nicht Zeit noch Raum unterworfen. Der Verstand kann nicht Zeit noch Raum unterworfen werden, aber es gibt die Verbindung von Verstand und Leib. Wenn du das technische Verständnis hast und die Technik benutzt, so können Verstand und Körper eins werden. In dem Moment, in dem du Verstand und Körper zu einen vermagst, gibt es nur noch eine Alternative. Wenn Verstand und Körper eins werden, dann kann die Universalität und Kreativität des Selbst erkannt werden. Das ist sehr wichtig.

Erkenntnis

Realization

Ananda, Seligkeit, ist der anhaltende Zustand des Geistes, in dem   370
man sich nicht mehr weder von Gewinn noch von Verlust gestört
fühlt.

Das Problem auf diesem Planeten ist heute, dass es so viel Wissen   371
um uns herum gibt, dass wir nicht mehr in der Lage sind zu unter-
scheiden, was richtig und was falsch ist. Es ist nicht nur, dass wir
nicht wissen, was richtig und was falsch ist, da gibt es noch ein
anderes basales, ein grundlegendes Problem. Alles, was wir wissen
wollen, ist philosophisch; aber wir wollen uns nicht wandeln. Und
ich versichere dir, dass die Philosophie einen Menschen nicht
wahrhaft wandelt. Philosophie ist das nutzloseste Ding auf dieser
Erde. Es ist gleich wie mit einem Lehrer, der einen Menschen nicht
verwandelt. Auch das ist ein wirklich hoffnungsloser Lehrer.

Sie sagen, dass der, der gibt, voll Freude ist, und der, der nimmt, ein   372
Bettler ist. Das ist es, warum sie das sagen: Wenn du Wissen
erlangen willst, dann bettle und bettle, dass Gott voll Mitleid und
Erbarmen durch das Wissen des Gebenden zu dir kommt.

Ein Prinzip des Lebens, das es zu erinnern gilt, ist, leicht zu reisen.   373
Du bist ständig dabei zu reisen. Reise leicht, lebe leicht, verbreite
das Licht, sei das Licht.

Der Verstand ist sehr wichtig, aber der Körper ist genauso wichtig, und auch die Seele ist gleichermaßen wichtig. Diese Dreiheit ist eine alles umfassende Ganzheit.

374

Nun, um ganz ehrlich zu sein, wir wissen nicht, wie mächtig wir sind. Der Lehrer inspiriert unsere Kraft. Der Guru[7]/Lehrer ist ein Diener. Der Lehrer ist ein Sklave und ein Diener im Gott-Bewusstsein. Seine Aufgabe ist es, den Menschen, der mit ihm lernt, zu inspirieren, sodass der Mensch die Erkenntnis durch sein eigenes Erkennen wahrnimmt.

375

Unsere Existenz ist nichts anderes als Bewusstsein. Wenn aber unsere Existenz nichts anderes als Bewusstsein ist, wo ist die Schwierigkeit? Die Schwierigkeit liegt darin, dass wir unseres Bewusst-Seins nicht bewusst sind.

376

Wenn du dein begrenztes Ego zu opfern vermagst, wirst du stets einen unbegrenzten Geist dafür erhalten; und wenn du einen unbegrenzten, schrankenlosen, unendlichen Geist hast, dient dir das Universum.

377

Diejenigen, die darin fortfahren, stets in der Vergangenheit zu leben, werfen ihre Zukunft in die Gosse. Die, die nach ihrem Wort leben, sind vor der Welt geehrt, und die, die das nicht tun, sind nicht geehrt.

378

„Ein Engel" ist eine durchscheinende Führung, gemacht aus Mitgefühl im Gott-Bewusstsein.

379

Lebt wie königliche Heilige. Niemand soll auf euch treten, aber niemand, der eurer bedarf, soll eurer Stärke ermangeln.

380

---

[7] Gu-ru bedeutet: der oder das, was vom Dunkel ins Licht führt. Bei einem Seminar sagte Yogi Bhajan: Willst du deinen Guru sehen, blicke in den Spiegel.

Da gibt es ein Gesetz der goldenen Kette. Was immer du mir tust, 381
wie immer du mich als einen Lehrer behandeln wirst, so werden
andere dich behandeln. So wie du es mir geschehen lässt, so wird es
dir widerfahren. Wenn du sagst, das kann ich tun oder das kann ich
nicht tun, machst du dich selbst zum Narren. Stattdessen solltest du
sagen, da es der göttliche Wille ist, werde ich es versuchen. Wenn
ich erfolgreich bin, so ist es aus Seiner Gnade; wenn nicht, so ist es
Sein Wille. Wie weit ein Mensch Gott versteht, misst sich an dieser
Erkenntnis.

Wenn das kleine Mich das große Mich erkannt hat und das kleine 382
Ich das große Ich, ist Einssein erreicht. Und wenn einer weiß, dass
Er der Eine ist, und einer weiß, alles ist eins, was gibt es sonst zu
finden? Nur wenn wir denken, dass ich ich bin und alles andere alles
andere ist, müssen wir etwas finden.

Verursache nicht eine Folge, wenn du die Wirkung nicht ertragen 383
willst. Sequenz führt zu Konsequenz. Also verursache keine
Sequenz, deren Konsequenz du nicht zu begegnen bereit bist.

Worte bedeuten nichts. Wenn jemand einen Streit über etwas 384
beginnt, das falsch ist, und du weißt, dass es falsch ist, sage einfach:
„Ja, es ist falsch." Geh da heraus. Du kannst immer und überall
etwas über dich lernen. Eine Person, die Tatsachen über sich selbst
annehmen kann, ist ein sachlicher Mensch.

Was ist eine große Seele? Eine große Seele ist der, der alle anderen 385
Seelen erkennt. Eine universale Seele ist die, die mit jeder Seele
verschmolzcn ist. Das ist ein sehr delikater Unterschied.

Diejenigen, die ihre Herzen wörtlich nach dem Plan Gottes tönen und in der Farbe des weißen Lichtes und der Rechtschaffenheit leben, diejenigen, die mit diesem ewigen Licht verschmelzen, verbleiben nicht bei ihren Überresten und Bilanzen. 386

Wenn du weißt, dass alles Licht ist, dann bist du erleuchtet. Was ist erleuchtet? Wenn du das Licht erkennst. Wo? In dir. 387

Du gehörst nur zu einem Ding, und das ist die Wahrheit; und du hast nur an ein Ding zu vollenden, und das ist die Wahrheit. 388

Du bist wahr, jetzt, du warst wahr, damals, und du wirst ewig wahr sein – das ist alles, was du wissen musst, und du wirst frei sein. 389

Bewusstsein ist ein Geschenk deines Schöpfers. Wenn du dich deines eigenen Bewusstseins beraubst, so wird nichts mit dir zurückbleiben, und wenn du dann diese Welt verlässt, so wirst du in Elend und Schmerzen gehen. 390

Ein Busfahrer ist das beste Beispiel für einen Guru. Er ist vollständig darin verwoben, dich zu einem Ziel zu bringen, doch ist er in keiner Weise mit dir verbunden. Seine Aufgabe ist es, dich aufzunehmen und abzuliefern. 391

Die grundlegende Wahrheit besteht darin, das Leben in dir wahrzunehmen, zu fühlen und zu erfahren. Gewöhnlich fühlen und erfahren wir das Leben in uns in Verbindung mit der Umgebung; so kommt es, dass wir die Umgebung erfahren und nicht das Leben. Jemand, der das Leben erfährt, erfährt die Quelle des Lebens. Jemand, der die Quelle des Lebens erfährt, kennt die Unendlichkeit, und dieser Mensch kennt die Vergangenheit, die Gegenwart und die Zukunft. 392

Du musst begreifen, dass du der Mittelpunkt deiner eigenen 393
mentalen Psyche bist.

Bleibe treu und bewege dich auf dem Pfad der Rechtschaffenheit, 394
gib dein ganzes Selbst in das Feuer der Reinheit und erhalte die
Flamme des Lichtes bis an das Ende; dein Karma wird erledigt sein,
das Geben abgeschlossen, Segnungen werden da sein, und Bewusstsein wird dein Geschenk. Das ist das wahrhafte Recht eines jeden
Menschen. Das ist die Wahrheit in dir.

Mitgefühl ist nichts anderes als die Erkenntnis einstellbarer Werte. 395
Niemand ist schlecht. Wenn jemand nicht gut handelt oder versteht
oder er irgendwie begrenzt ist, solltest du Mitgefühl haben und keine
negative Einstellung. Warum verletzt dich jemand? Warum beleidigt
dich jemand? Weil er es nicht besser vermag.

Wir müssen die allem unterliegende, fundamentale Existenz 396
unseres Selbst, unseren Geist, verstehen. Sobald du den Geist
verstanden hast, bist du in Ordnung.

Leben ist eine anhaltende Schwingung. Es ist magnetisches Feld, 397
das stets in Bewegung ist. Es ist mit dem universalen magnetischen
Feld verbunden, so wie die Zahnräder eines Getriebes miteinander
in Verbindung sind.

Wenn kreative Meditation erreicht ist, wird das Wissen verstanden, 398
weil es praktisch wird. Jeden Klang, jedes Wort, das jemand zu dir
spricht, wirst du verstehen, wenn dein Verstand kreativ eingestellt
ist und eine meditative Form darin hat; dann wirst du verstehen, was
Wahrheit ist, und was nicht Wahrheit ist. Anderenfalls haben die
Dinge keinerlei Bedeutung für dich in irgendeiner Weise. In deinem
Leben ist das die größte Verwirrung, wenn jemand zu dir spricht,
und du nicht weißt, was er dir sagt und in welchem Ausmaße er es
meint und in welchem Maße er es nicht tut.

Es bedarf weder Jahrhunderte der Praxis noch der Inkarnationen 399
des Lernens, um zu erfahren, was Wahrheit ist. Wir alle wissen, was
Wahrheit ist.

Die Freiheit vom Instinkt existiert für den Menschen, aber nicht in 400
der Pflanzen- oder Tierwelt. Warum? Weil du eine Chance hast,
deine Seele zu finden.

Wir begrenzen uns selbst. Wir sind Sklaven von Ritualen, wir sind 401
Sklaven im Verstehen, wir sind Gefangene unserer Gedanken. Wir
nennen sie Konzepte. Gedenkt eurer Sklaverei und eurer Ketten.
Niemand kann euch ins Gefängnis stecken außer euch selbst. Ihr
seid Sklaven des Sexes, des Verlangens, des Essens. Ihr seid
Sklaven eurer Lebensweise. Ihr fürchtet einem Menschen mit eurer
Ursprünglichkeit zu begegnen. Ihr fürchtet die Wahrheit mehr als
das Leben.

Heilige und Weise sind erschienen, um den Menschen den Weg zu 402
zeigen, aber wir vergessen den Weg und entgleiten in das Dogma.

Alles Training und alles Wissen sind nur für einen einzigen Zweck, 403
und dieser Zweck ist sehr einfach und klar: Der Zweck ist, dass du
in eine Position kommen sollst, sowohl dein geistiges als auch dein
körperliches Selbst zu leiten.

Der Schöpfer machte die Schöpfung so, dass sie Ihm gleich sei. 404

Um die Unendlichkeit in dieser begrenzten Form zu erfahren, muss 405
etwas getan werden. In dieser begrenzten Form ist dir der Körper
gegeben worden, um die Unendlichkeit zu erfahren. Das ist die
einzige Absicht Gottes.

Wenn du eine Religion praktizierst, vergisst du, dich mit dem 406
Ursprung zu verbinden und haftest an Ritualen, und die Botschaft
der Seele ist vollständig vergessen.

Spiritualität und Göttlichkeit bedeuten nicht, dass, weil ich 407
meditiere, ich ständig sehr spirituell bin. Spiritualität bedeutet, dass
ich in meinem Geist, soweit es meine Verbindung zu allen Ebenen
des Bewusstseins betrifft, perfekt bin.

Was gibt es in diesem Universum und im ganzen Kosmos jenseits 408
der Zeit. Die Wahrheit. Die Wahrheit ist jenseits der Zeit, alles
andere ist zeitlich; und wenn du wahr bist, so bist auch du jenseits
der Zeit.

Menschen wollen Macht vorführen, und das ist eine Krankheit, die 409
selbst Gott nicht heilen kann. Sie ist jenseits der Heilbarkeit und
man nennt es „das spirituelle Ego". Wenn ein Mensch ein wenig
spirituell wird, und die anderen Menschen beginnen, ihn zu lieben
und ihn zu respektieren und ihm Dinge zu schenken und sich vor
ihm zu verneigen, nun, das ist es, wenn das Problem seinen Anfang
nimmt. Sein Gehirn – das begreift, dass er auf der Erde wandelt,
dass er ein demütiger Mensch ist und eine Kreatur, geschaffen von
Gott –, sein Gehirn vergisst all das. Er wird ein Ballon. Er bläst sich
auf, und er beginnt, zu sprechen, sich zu benehmen und die Einstellung zu empfinden, dass ein jeder geradezu nichts und er alles
sei, und dass er der Weiseste der Weisen ist.

Der Pfad des Heiligen ist der: „Mensch, du bist in dir selbst ein 410
Gott; geh hin und erkenne es."

Was ist Wahrheit? Deine wirkliche Existenz ist Wahrheit. Dass du 411
nicht die Gnade deiner Existenz erkennst und die Dinge im
Außen suchst, das ist Maya. Gurus sagen, sei ohne Maya, renne
Maya nicht hinterher. Für dich ist Maya gutes Essen, ein gutes Haus
ist Maya, gute Kleidung ist Maya, ein gutes Bett ist Maya. Maya
bedeutet, die Wahrheit nicht erkennen.

Drei Mantras solltest du niemals sprechen: 1. Ich weiß es nicht. 2. 412
Ich bin nicht bereit. 3. Das kann ich nicht.

Was ist Bewusstsein? Und wer bist du? Du bist Bewusstsein. Wir 413
sind ein Teil des universalen Bewusstseins, und die genaue
Bedeutung von Bewusstsein ist Realität.

Die ganze Kreativität des Prinzips der Realität haben wir in ein Wort gebunden: Bewusstsein. Da gibt es keine Traurigkeit über den Tod, keine Freude über die Geburt, es hat keinen Verdienst oder Schuld der Existenz. Wenn du bewusst bist, erkennst du es als das, was es ist.

Schönheit liegt in den Augen dessen, der betrachtet, und jeder hat   414
seinen eigenen Aspekt der Schönheit und trägt dazu bei, wie das ganze Universum. Die Pflanzen, die Tiere, die Vögel, die Menschenwesen, sie alle tragen zur universalen Schönheit bei; das ist das schöpferische Konzept, eine schöpferische Meditation.

Was ist ein Angstkomplex? Ein Angstkomplex ist, wenn du dich   415
begrenzt fühlst. Wenn du fühlst, dass du ein Teil des Universums bist und dass das Universum ein Teil von dir ist, was gibt es da noch zu fürchten?

Das größte Wunder ist Einssein.   416

Ein heiliger Mann ist der, der den Sünder und den Heiligen in   417
gleicher Weise sieht. Heilige sind die, die das größte Mitgefühl haben; ein Menschenwesen, auf dem Pfad der Rechtschaffenheit, das Mitgefühl besitzt, ist ein Heiliger.

Es gibt nur eine Art zu lieben. Das ist sehr verwirrend. Denn viele   418
Leute sagen, dass es viele Menschen und viele Wege gibt. Aber es
gibt nur eine Art und Weise, und es gibt nur einen Weg, und es gibt
nur einen Gott, und es gibt nur einen Weg Ihn zu erreichen, und es
gibt nur eine Wahrheit, die es zu wissen gilt, und es gibt nur eine
Menschlichkeit, den Verstand auf einen Punkt zu richten – das ist
Rechtschaffenheit. Ob du ein Christ bist, ein Jude, ein Buddhist oder
irgendetwas, das macht keinen Unterschied. Solange du ein menschliches Wesen bist, musst du ein Ding begreifen: Entweder spielst du
und bist in der Hand der Umstände oder du machst die Umstände in
deiner Hand spielen.

Jeder Mensch, der zu meditieren vermag, sich zu verbinden, sich zu   419
konzentrieren und sich vorzustellen vermag, dass er nicht handelnd
und handelnd zur Unendlichkeit gehört, ist schön.

Wie werden Heilige gemacht? Das erste Zeichen eines Heiligen ist,   420
dass er ursprünglich ist, er ist, was er ist.

Da gibt es Menschen, die das Antlitz dieser Erde verwandelt haben,   421
und da gibt es Menschen, die nicht einmal von zwanzig anderen
gekannt sind. Beides sind Menschen. Da gibt es keinen Unterschied
zwischen einem Menschen und einem Menschen. Aber wenn ein
Mensch seine ganze Aktivität zusammengenommen und
Grenzenlosigkeit in seiner Aktivität geschaffen hat, dann nennen wir
ihn einen großen Menschen. Einige Menschen sind begrenzt und
andere sind es nicht, aber beides sind Menschen. Beides sind
menschliche Wesen. Das Menschenwesen ist grenzenlos; in seinen
Möglichkeiten unbegrenzt, begrenzt im Handeln.

Befreiung liegt nicht darin, dass du von dieser Erde ins Königreich   422
Gottes gehst. Das Königreich Gottes ist genau da, wo du bist, und
die Befreiung ist hier, wenn du sorgenfrei und offen bist.

Was machst du auf dem Planeten Erde? Wir sind hier, um uns selbst zu erkennen und nichts weiter. Das ist es. 423

Dein ganzes Leben ist ohne Handeln nichts. Wenn du nicht handelst, bist du tot. Auch im Schlaf handelst du. Du handelst durch deine Träume. Du handelst durch deine geistigen Schwingungen. Du bist stets in Schwingung. In dem Moment, in dem du nicht mehr in Schwingung bist, bist du tot. Tod ist nichts anderes als das Nicht-Schwingen eines begrenzten Teiles. Das ist es, was Tod bedeutet. 424

Heilige und Weise haben mehr Ärger als eine normale Person, weil eine normale Person sich ihren Weg irgendwie erschleichen kann; der heilige Mensch bleibt stecken. Wenn er in das Feuer gehen muss, dann muss er in das Feuer gehen. Aber warum wird er nicht verbrannt? Weißt du, warum? Weil er fühlt, dass er das Geschöpf des Schöpfers ist; und wenn du fühlst, du bist das Geschöpf des Schöpfers, folgt für dich aus der Ursache nicht die Wirkung. Tue alles im Namen der Handlung. Arbeite dich deinen Weg entlang im Namen deines Schöpfers. Das ist eine Verbindung, die du im Verstand einrichten musst. Das ist bekannt als transzendentale Meditation. 425

Selbstausübung oder Selbstvertrauen und Selbstverwirklichung sind nicht für jedermann möglich. Warum? Weil wir nicht daran denken, dass wir ein Teil der Unendlichkeit sind und die Unendlichkeit ein Teil von uns ist. Wir erkennen nicht die wahre Göttlichkeit in uns. Dass eine Kreatur geschaffen wurde und dass diese Kreation absichtsvoll ist, ist vom Menschen vollständig vergessen worden. 426

Die Verstandesgestalten haben keine Gleichheit. Einige sind sehr intellektuell, andere sind sehr praktisch, einige sind sehr positiv und einige sind negativ. Aber ein Ding ist allen gemeinsam – die Seele. 427

Um spirituell zu sein, heißt es, geben und geben, niemals etwas zurück erwarten, gleich wie die Wolken den Regen geben und niemals zur Erde herniedersteigen, um das Wasser zurückzuholen. Und dein Leben existiert aufgrund solchen Gebens. Da gibt es nichts, was zu lernen wäre, um spirituell zu sein; lerne von den Wolken, die dir das Licht geben, und den Geist des Gebens, mit dem sie durch ihre eigenen Tropfen des Wassers für dich eine unvergleichliche Vegetation erschaffen.

428

Diejenigen, die es nicht lieben, Gemüse zu essen, lieben es diejenigen zu essen, die Gemüse essen. Ich frage mich, warum sie diesen Lebewesen solchen Schmerz bereiten müssen.

429

Wenn jemand Gott erkennen wird, so wird er zu Gott werden. Was ist Erkenntnis? Erkenntnis ist, wenn du zu dem wirst, das du erkennst.

430

Weil du Schriftrollen auf deinem Rücken trägst wie ein Esel, glaubst du, du seiest ein weiser Mann. Solange aber die Schriften nur über deine Zunge kommen, solange sie nicht aus deiner Seele kommen, veralberst du dich selbst.

431

Es ist lächerlich, dir zu sagen, du sollst nicht trinken, du sollst dies und du sollst das nicht tun und dabei keinen Ersatz dafür zu bieten. Es ist furchtbar, es ist nicht ehrenhaft. Du musst den Nektar im Inneren finden, und wenn du das nicht vermagst, hat kein Mensch das Recht, dir zu sagen: „Tue das nicht!" Es verstößt gegen das natürliche Prinzip eines menschlichen Wesens, dass ihm gesagt würde, nichts zu tun.

432

Die Welt beklagte niemals Gandhis Tod. Sie klagte um den symbolischen Frieden, in dem er lebte. Niemand klagt um irgendjemanden; alles, worum wir klagen, ist die Leere, die entsteht.

433

Das menschliche Wesen ist in Wirklichkeit nicht dazu geschaffen, begrenzt zu sein. Das wirft die Frage auf, warum das Menschenwesen dann aber Hürden, Begrenzungen und Begrenztheit erfährt? Die Antwort ist sehr einfach. Das menschliche Wesen hat es nie gelernt, als ein menschliches Wesen zu leben. Der Mensch ist begrenzt, weil das menschliche Wesen sein eigenes Selbst niemals erfahren hat.

434

Das ist eine einfache Sache: Wenn du verhaftet bist, wie kannst du universal sein?

435

Der sexuelle Akt ist nichts; aber er ist die Möglichkeit, eine Grundlage für die nächste Generation zu schaffen.

436

In diesem Augenblick ist deine Existenz gesichert und durch die ganze Schönheit dieses Universums gewährleistet. So sehe ich mich selbst mit diesem Glanze strahlend, indem ich auch die Sonne, den Mond und die Sterne erblicke. Der ganze Planet Erde scheint in genau demselben Glanz, und ich bin ein Teil davon, und er ist ein Teil von mir. Und ich weiß, dass alles vergänglich ist. Die Erde hat mir ein Fahrzeug gegeben, dass ich auf ihr verweilen kann; doch ich bin jenseits des Fahrzeugs. An dem Tag, an dem ich schweige, muss ich das Fahrzeug auf dieser Erde zurücklassen, abgelegt an ihren Busen, sicher und behütet.

437

In Bezug auf das menschliche Benehmen ist es normal, selbstsüchtig zu sein. Du kannst es nicht loswerden, aber du kannst es kanalisieren. Sei bis zu einem Grade selbstsüchtig, dass du als großzügig bekannt bist. Sorge für ein Ansehen, dass du selbstlos und für andere hilfreich bist.

438

Was ist ein Christ? Ein Christ ist jemand, der sich selbst über die fünf Elemente erhebt, so wie es der Meister tat. Jesus tat es, das ist es, warum er Christ ist.

439

Der Moment, in dem das Wesen begreift, dass es ein ganzes   440
Geschöpf ist, das ist ein Zustand der Ekstase. Wenn ein menschliches Wesen, ein Mann, begreift, dass er ein Mann ist, so ist das in
sich Ekstase; und wenn ein Jugendlicher begreift, dass er jung ist, so
ist das in sich Ekstase; und wenn ein alter Mann seine Erfahrung des
Alters begreift, so ist das eine Ekstase im sich selbst. Aber wenn ein
siebzig Jahre alter Mann sich benehmen will wie ein sechzehn Jahre
alter Knabe, wo ist die Ekstase?

Du gehst auf die Hochschule, du studierst, du machst deinen   441
Abschluss, und dann gehst du hinaus in dein Leben. Aber wenn du
zu einem spirituellen Lehrer gehst, dann wirst du zu einer Klette und
hängst an ihm. So soll es nicht sein; lerne von dem spirituellen
Lehrer. Praktiziere und entwickle dein Leben. Die einzige Art und
Weise, wie ein Mensch Spiritualität erreichen sollte, besteht darin,
seine Furcht zu verlieren. Wenn du furchtsam bist, dann lernst du
nicht. Wenn Gott die Unendlichkeit ist, und du das
Gott-Bewusstsein verwirklichst, dann erkennst du Unendlichkeit
und bist ohne Furcht.

Ein Guru ist ein Bewusstsein und nicht eine Person. Das soll nicht   442
missverstanden sein.

Jedes Individuum hat die Möglichkeit ursprünglich, schöpferisch zu   443
sein.

Das Konzept des Schönen und des Abstoßenden ist ein   444
individuelles Konzept.

Wie viele Menschen leben in der Wirklichkeit? Die Antwort ist   445
2 %. Und wo leben die anderen 98 %? In einem Traum.

Was ist das Schicksal des Menschen? Das Schicksal des Menschen   446
liegt darin, durch seine Existenz zu projizieren. Das ist dein
Schicksal. Du musst durch deine Existenz Würde projizieren.

Deine Handlungen sollten ehrenvoll sein. Aber sie können nicht ehrenvoll sein, wenn du nicht ehrbare Absichten hast. Es ist die ehrbare Absicht, die das ehrenvolle Handeln aus dir hervorbringt.

447

Wir kommen auf diese Erde, um sie zu verlassen. Wir kommen würdevoll; also müssen wir auch würdevoll gehen. Das ist die höchste Kraft, die man erlangen muss.

448

Wir sind vollkommen bewusst, und wenn wir wahrhaft bewusst sind, nicht negativ zu sein, dann sind wir frei.

449

Da gibt es das individuelle Bewusstsein und darüber hinaus das Gruppenbewusstsein, und danach erreichen wir das universale Bewusstsein. Das Ziel des Menschen ist es, universales Bewusstsein zu erreichen.

450

Wenn du die Wahrheit ignorierst, wirst du ignoriert sein; jeder Mensch, der die Wahrheit ignorieren kann oder einen wahrhaften Rat, wird wahrhaft von der höchsten Existenz ignoriert werden, weil die Wahrheit das Höchste ist.

451

Ich weiß nicht, auf welche Weise ich existiere, aber dennoch existiere ich, und das ist das Wunder der Wirklichkeit. Und diese ganze Erkenntnis erreichte mich, als ich den einen kleinen Klang sprach: Wha, wha, wha.

452

Das Leben hat eine Botschaft für jeden. Das Leben bietet für jeden Gelegenheit. Glücklich sind die, die sich selbst daran bedienen, unglücklich sind die, die das nicht tun.

453

Der Mensch hat das Recht, sein Schicksal zu ändern, und der Mensch kann das Schicksal ändern. Das Leben kann verändert werden, weiter als unsere Träume reichen, jenseits aller Erwartungen, aber wir trauen dem Leben nicht.

454

Was ist Erfolg? Erfolg ist, wenn du einer Aufgabe gegenüberstehst und sie bewältigst. Dann bist du als erfolgreich bekannt.

455

Du rennst hinter Wohlstand, Ruhm und Glanz her. Doch die werden hinter dir herrennen, vorausgesetzt du bist ein offener Kanal.

456

Da gibt es keinen Ausweg. Es gibt nur den einen Weg, und das ist der, bei dem das Individuum sich mit seinem Bewusstsein bewusst verbindet.

457

Reinige deinen Tempel. Öffne dein Herz mit Liebe, sodass Er dort einziehen und darin wohnen kann. Wer immer in Furcht lebt, hat das Licht nicht gesehen. Wir haben vergessen, wer wir sind. Wir sind eins, und da ist der Eine, zu dem wir gehören. Das Ziel des Lebens ist es, einander zu Gott-Bewusstsein zu inspirieren.

458

Hingabe ist die totale Abwesenheit des Ich.

459

Versteht das nicht falsch bzw. versteht das richtig, dass ihr als Menschen euch von anderen Menschen unterscheidet, mit Ausnahme der gemeinsamen Werte.

460

Der Schöpfer erschuf die Schöpfung, um den Zustand der Stabilität zu verwirklichen, eine endliche Manifestation der Unendlichkeit.

461

Du hast das Recht, verrückt zu sein. Du hast das Recht, weise zu sein. Ich greife deine Rechte nicht an. Du kannst sicher sein oder unsicher. Du kannst glücklich sein oder unglücklich. Du kannst würdevoll verdienen und leben, und du kannst würdelos verdienen und leben. Niemand greift diese Rechte an. Sie nennen das den freien Willen, weil der Instinkt des Menschen unter seiner Kontrolle steht. Er hat die Kraft des freien Willens.

462

Was ist Sünde? Sünde ist es, eine Blockade im unterbewussten Verstand zu bewirken oder zu erschaffen.

463

Für die Wahrheit zu sterben ist Ausdruck des höchsten Mitgefühls. Wir müssen gehen. Es ist nichts daran falsch zu gehen; wir sind gekommen, also müssen wir gehen.

464

Es gibt nichts vor noch etwas jenseits der Pflicht. Deine Pflicht ist vollständig in sich selbst begründet.

465

Du brauchst nicht spirituell zu sein, du brauchst nicht heilig zu sein, du brauchst nicht unter einem großen Meister zu lernen. Man verlangt von dir nicht, irgendjemandem zu folgen, noch wird es verlangt, dass du mit jemandem zusammen bist, auch brauchst du gar nichts zu lernen, wenn – und das ist ein großes Wenn – wenn du weißt, wer du bist, und es nicht nur weißt, sondern es verwirklichst.

466

Die heraufziehenden Zeiten, das Zeitalter des Wassermanns, welches wir alle erfahren werden, wird eine Zeit des Friedens und eine Zeit der Weisheit und des Wissens. Es wird ein Zeitalter des Heiles und nicht des Wahnsinns.

467

Man muss bewusst sein, um Bewusstsein zu besitzen, und man muss bewusst sein, dass die eigene bewusste Energie stets in die rechte Richtung vibrieren kann. 468

Für jedes Problem gibt es eine Antwort. Keine Frage vermag ohne die darin gelegene Antwort zu existieren. Stelle z. B. irgendeine Frage. 469
Frage: Was ist Unendlichkeit?
Antwort: Unendlichkeit ist was.
In dem Moment, in dem du fragst, was, verbindest du etwas mit dem darüber Hinausgehenden, und schon bist du in der Unendlichkeit.

Alle menschlichen Wesen haben eines gemeinsam. Der Atem des Lebens ist das Gemeinsame. 470

Still zu sein, ist die höchste Vollendung des Selbst. 471

Alles liegt innerhalb des Menschen, nichts außerhalb von ihm. 472

Du bist tot, weil du nicht lebendig mit deinem Bewusstsein verbunden bist. Aber wenn du den Ablauf betrachtest und ihn mit der Folge verbindest und dann die Konsequenzen überwindest, dann wirst du lebendig. 473

Vertrauen in dich entsteht nur, wenn du dir selbst traust. Wenn du deiner eigenen Würde traust, so wirst du stets geehrt. Wenn du deiner Liebe traust, so wirst du stets liebenswert sein. Wenn du deiner Schönheit traust, so wirst du stets schön sein. Wenn du deiner Größe traust, so wirst du stets groß sein. 474

Polarität

Polarity

Ich erinnere mich an die Zeit, als Mahatma Gandhi im Gefängnis 475
war. Als er entlassen wurde, bat er darum: „Kann ich eine Woche
länger bleiben?" Sie fragten ihn, was er denn für ein Bursche sei? Er
sagte: „Das ist ein sehr großes Gefängnis; es sind eine Menge
Menschen hier, und ich habe begonnen, einen speziellen Kurs über
Meditation zu halten. Ihn abzuschließen wird noch eine Woche dau-
ern. Wenn ich um eine Woche länger hier behalten werde, kann ich
diese Menschen unterrichten, und ich werde sehr dankbar sein, wenn
Sie mir erlauben, hier zu bleiben." Der Gefängnisdirektor antwortete: „Wir werden dann vier Rupien, also einen halben Dollar, für
jeden Tag der Woche berechnen, wenn Sie bleiben wollen; anderenfalls machen Sie besser, dass Sie wegkommen. Wir brauchen Sie
nicht mehr." Kannst du dir solch ein Bewusstsein vorstellen? Sein
Bewusstsein war dergestalt, dass er sich niemals in Gefangenschaft
fühlte.

Wie könnte dich dein Schöpfer und wie könnte Mutter Natur, die 476
dich erschuf, dich einsam machen? Da sind die wunderschönen
Bäume, da sind die wunderbaren Zeiten. Du bist umgeben von
Schönheit, überall, in solch einer Fülle, dass, wenn du nur
hinschaust, du dich auf ewig und ewig daran erfreuen kannst.
Warum fühlst du dich einsam? Und warum willst du erkannt sein?
Und warum willst du dich überstrecken und dich selbst schwächen?

Du trägt dein Bewusstsein in dir, und wenn du das nicht weißt, 477
dann bist du wie eine Schaukel zwischen zwei Polaritäten. Und
wenn du dich nicht mit beiden Polaritäten verbindest, dann bist du
nicht mit der Realität verbunden.

Für die, die die Wahrheit gefunden haben, liegt im Heute das 478
Morgen und genauso das Gestern.

Die Institution der Ehe bedeutet, dass zwei Polaritäten einander 479
verbunden sind, auf dass sie gemeinsam, in harten und in guten
Zeiten, das Leben miteinander verbringen. Doch heute betrachten
wir eine Beziehung in der Weise, dass wir nur in guten Zeiten
zueinander stehen. Wie aber könnte es in irgendeiner Beziehung
möglich sein, nicht sowohl harte als auch gute Zeiten zu haben?

Wenn du dein begrenztes Ego zu opfern vermagst, wirst du stets 480
einen grenzenlosen Geist dafür erhalten.

Zunächst schaffst du dir Gewohnheiten, und dann manipulieren die 481
Gewohnheiten dich. Wenn du irgendeine Gewohnheit hast, so wirst
du ein Sklave genau dieser Gewohnheit sein. Das ist die Sklaverei
des Menschen. Befreiung ist ein Zustand jenseits der Gewohnheiten.

Als Erstes verlangt der Mensch nach Geld. Dann will der reiche 482
Mann Macht. Dann will der mächtige Mann den Frieden des
Verstandes.

Wo liegt der Unterschied zwischen einem Mann mit Gott- 483
Bewusstsein und einem Individualisten? Menschen mit Gottes-
Bewusstsein sind drei Personen zur selben Zeit. Auch Menschen mit
Selbstbewusstsein sind drei Personen zur selben Zeit. Derjenige mit
Gottes-Bewusstsein hat Gott, seinen Guru und sich selbst. Der
Mensch mit Selbstbewusstsein hat sich selbst, sein Ego und sein
Verlangen. Das Ganze ist nur eine Frage von Enge und Grenzen-
losigkeit.

Dualität ist eine Höhle im Bewusstsein. Zum einen handeln wir, 484
während wir wissen, dass es nicht unserem Denken entspricht. Oder
wir denken auf die eine Weise und handeln auf eine andere. Und
diese Dualität, diese Spaltung des Bewusstseins ist Sünde.

Ein Akt der Vergebung kann dich zu Gott machen. Ein Akt der 485
Intoleranz, kann dich zu einem gewöhnlichen Menschen machen.
Ein wenig Mitgefühl kann dich zu einem Geber machen; darin liegt
die Überlieferung Gottes. Und wenn du ein paar Dollar stiehlst,
dann kann dich das nur mit deiner tierischen Natur verbinden. Ein
wenig Hingabe kann dir dein Bewusstsein, welches göttlich ist,
zurückgeben. Ein wenig Gier wird dir deine tierische Natur zurückgeben.

Die Zeiten werden sich wandeln, und die Werte werden sich 486
wandeln; nur ein Ding wird sich nicht wandeln – das ist die Tiefe in
dir, die Seele in dir, der Teil von dir, der unsterblich ist. Das Sterb-
liche wandelt sich, das Unsterbliche wandelt sich nicht.

Es gibt zwei Arten in dieser Welt zu leben, den Weg der Sorge und 487
den Weg der Freiheit. Wenn du besorgt bist, so musst du dich stets
auf die Vorstellung konzentrieren, und dies wird zur körperlichen
Arbeit, aber wenn du deinen Geist auf den universalen Geist
ausrichtest, dann werden die Dinge zu dir kommen.

Alle Dinge müssen ausgewogen sein. Jeder Tag des Lebens 488
bedeutet einen Tag des Todes.

Es ist besser, die Wahrheit sprechend, zu sterben, denn als ein 489
Feigling zu leben.

Das Hässliche hat seinen Platz. Das Hässliche dient, indem das Hässliche das Einzige ist, dessen Vergleich das Schöne fördert. Wer bist du, es zu verdammen? Wer bist du, es zu richten? Weil du einen Angstkomplex hast, siehst du dich von Hässlichem umgeben und findest es in dir selbst; das bringt einen Angstkomplex. 490

Jedermann, der Umgebungen schafft, die die Klarheit über die Ursache und das Wirken des Schöpfers zeigen – Schönheit und Fülle in dieser Welt – erlangt die Verschmelzung mit dem Unendlichen. 491

In den Niedrigsten der Niedrigen lebt der Höchste der Hohen, und du, der du wandelst auf dem Pfad des Bewusstseins, musst das wissen. Es ist grundlegend. In deiner Demut liegt Würde, in deiner Festigkeit liegt deine Wahrheit. 492

Wenn das Leben gelebt ist, kommt alles zu dir, aber während du das Leben lebst, musst du um alles kämpfen. 493

Ein Mensch, der die Tatsache erfährt, dass das Leben eine Schwingung ist, dass das Leben Kommen und Gehen ist, solch ein Mensch ist ein erleuchteter Mensch. Er ist der Eine, der befreit ist. 494

Das Leben ist ein Buch der Wandlungen. Es sollte nur gelesen werden, um zu verstehen, wie es wirkt. Du kannst die Wechsel im Leben nicht aufhalten; sie müssen kommen, ob sie nun gut sind oder schlimm, weil das Gute dem Schlimmen folgen und das Schlimme dem Guten folgen muss. 495

Die, die nicht wissen, wie sie zu gehorchen haben, werden niemals   496
lernen, zu befehlen. Diejenigen, die nicht perfekte Schüler sind,
können nie perfekte Lehrer sein. Diejenigen, die nicht geben,
können nie erhalten. Das Leben hat ein Gleichgewicht und eine
Polarität. Wenn du an den Nordpol gehst, dann stehst du gerade auf
der dem Südpol gegenübergelegenen Seite.

Je spiritueller du wirst, desto härter werden die Zeiten, die du   497
erfährst; je spiritueller du wirst, desto mehr wirst du verleumdet.

Da gibt es die zwei Ebenen der Kommunikation: die eine, wenn das   498
Einzelne zu dem Unendlichen spricht, und die andere, wenn das
Unendliche zu dem Einen spricht.

Deine Existenz ist Wahrheit, und das ist Gott; aber wenn du das   499
nicht wahrnimmst, das ist Maya.

Was uns den Schmerz in unserem Leben verursacht, ist, dass wir   500
nicht wissen, wie wir als entspannte Wesen leben sollen. Wenn du
nicht entspannt bist, dann wird der Geist nicht durch dich wirken.
Wenn du nicht entspannt bist, bist du nicht in der Lage zu kommunizieren und kannst nicht verstehen, also lebst du nicht. Da sind
diese zwei Arten zu leben: leben und existieren. Wenn du existierst,
dann lebst du nicht; wenn du lebst, dann existierst du auf würdevolle
Weise.

Da gibt es einen Unterschied zwischen einem sorgenfreien   501
Menschen und einem nachlässigen Menschen. Nachlässigkeit ist ein
Mangel. Es geschieht aus Faulheit. Du strengst dich nicht genügend
an. Um sorgenfrei zu sein, muss dein höherer Verstand gebraucht
werden. Dann tust du dein Bestes. Du fühlst dich gut und machst
weiter. Aber lasse die Ergebnisse Gott.

Ich mache mir keine Sorgen darüber, wie du dich fühlst, ich bin nur darum besorgt, dass du fühlst. Eine neutrale Haltung ist die Freude Gottes. 502

Nach Selbstvertrauen verlangen und Selbstvertrauen zu erreichen, ist nicht nur großartig, es ist die Antwort auf jedes Problem des Lebens. Keiner ist so klein, dass er nicht groß sein kann. 503

Shanti[8] kann nicht ohne *Shakti*[9] existieren. Frieden kann nicht existieren, wenn du nicht deine Nervenstärke hast. Du kannst nicht zufrieden sein, wenn du nicht deine Vitalität hast. Also in jedem Fall musst du in dir selbst die Kraft der Rechtschaffenheit bilden; dann vermagst du dich selbst in die Rechtschaffenheit zu führen. 504

Wir wissen, dass auf dieser Welt Materie weder produziert noch zerstört werden kann. Der eine ist reich, der andere ist arm. Der eine ist dick, der andere ist dünn. Der eine ist lang, der andere ist kurz. Diese Welt ist nichts anderes, als eine Waage. Ihre gesamte Existenz ist auf Gleichgewicht gegründet. Dieser Planet und alles, was auf diesem Planeten existiert, kann nicht ohne dieses große Gleichgewicht bestehen. Da gibt es nichts, was du hinzufügen könntest; da ist nichts, was du wegnehmen könntest. 505

Hass ist Selbstmord, und Liebe ist Selbsthingabe. 506

Was ist der Wert hohen Alters? Würde. Jedermann, der würdevoll ist, wird geliebt und respektiert. Was ist der Wert der Kindheit? Schärfe. 507

---

[8] Shanti bedeutet: Frieden, nichts sein.
[9] Shakti bedeutet: Aktivität, Kreativität.

In aller Dunkelheit, da ist ein Licht, und in allem Licht, da ist eine Dunkelheit.

508

Das Motto des Fische-Zeitalters ist: Ich glaube, und ich werde wissen. Aber das Motto des Wassermann-Zeitalters ist: Ich weiß, und ich werde vertrauen.

509

Wer ist der Retter? Es ist dein eigenes höheres Bewusstsein, dass dich vor deinem eigenen niederen Bewusstsein erretten kann.

510

Auf dieser Welt gibt es ein Phänomen. Immer nennen sie die Realität unwirklich und das Unwirkliche Realität.

511

In dem Augenblick, in dem deine Polarität dich in dein Ganzsein führt, kann keine andere Schwingung als Harmonie existieren.

512

Was ist die Vereinigung mit Gott? Es ist dieselbe Vereinigung, die wir in unserer Polarität finden. In dieser Ekstase, in dieser Freude, wenn zwei Polaritäten vollständig verschmelzen, wenn das Weibliche sich selbst hingibt und das Männliche akzeptiert, vereinen sich beide in dieser Ekstase der Unendlichkeit. Aus solch einer Vereinigung wird aus der Seele einer Frau eine Seele geboren, die das Antlitz dieser Erde verändert.

513

Es ist nicht nur das Kind, das geboren ist und Kreativität manifestiert, es ist die Verschmelzung der zwei Polaritäten, die sehr wichtig ist.

514

Wenn die Polaritäten nicht miteinander verschmolzen sind, ist der körperliche Verkehr zwischen einem Mann und einer Frau nichts weiter als eine Ausbeutung.

515

Glaube bedeutet, dass der Geist ausschließlich zur Unendlichkeit   516
hingewandt ist. Dualität bedeutet die ausschließliche Hinwendung
des Geistes zu zwei Existenzen, unendlich und begrenzt.

Das Leben geschieht wie in einer Fertigungshalle. Diejenigen, die   517
arbeiten, um die Kreativität des Schöpfers zu verherrlichen, das sind
die gesegneten Weisen. Das Leben des gewöhnlichen Menschen ist
das höchste aller Leben. Denn was ist ein gewöhnlicher Mensch
anderes, als die wahrhafte Vereinigung von positiv und negativ, von
Mond und Sonne, von Purusha[10] und Maya, von männlich und weib-
lich, von Yin und Yang[11].

Wenn das Wesen nicht realisiert hat, dass Geben aus dem Selbst   518
geschieht und dass seine Größe unbegrenzt ist, so hat es an dem We-
sentlichen keine Freude gefunden.

Geben bedeutet nicht Cleverness. Geben ist kein Geben, wenn du   519
das Gefühl hast, etwas zu verlieren. Geben bedeutet in der Realität
ein effektives Vakuum zu schaffen, und damit einen Strom aus dem
großen, grenzenlosen Bewusstsein zu ziehen. Das ist Geben.

Es gibt drei Werte: Sich gut fühlen, gut sein und Gutes tun.   520

Nicht im Besitze der Anpassungsfähigkeit zu sein sich zu wandeln,   521
ist eine Tragödie in sich selbst. Und zu viel Anpassungsfähigkeit zu
besitzen, nicht mehr in der Lage zu sein, für etwas zu stehen, ist
ebenfalls eine Tragödie in sich selbst.

---

[10] Purusha und Maya stehen hier für Schöpfer und Schöpfung.
[11] Yin und Yang stehen hier für die Polaritäten der Existenz.

Der allmächtige Gott ist sehr schwach vor dem Menschen Gottes. 522
Das ist das Gesetz der Polarität. Der stärkste muss irgendwo sehr
schwach sein; wenn diese Regel für uns gilt, so gilt sie auch für Ihn.
Er ist allgegenwärtig, allwissend, was auch immer Er ist, so ist Er
doch sehr schwach vor seinem eigenen Bild.

Nichts ist gut, und nichts ist schlecht, es sei denn, das Denken 523
gestaltet es so. Tugendhaft sind die Diebe, die das Nam[12] gestohlen
haben, die Fülle des Nam, und haben sich selbst so sehr damit
erfüllt, dass sie von allen Fesseln frei ihr Leben führen.

Alles, was du tust, tust du, um Anerkennung zu ernten. Wenn du 524
keine Anerkennung erhältst, so bringt das Frustration, und mit
Frustration kommt Unsicherheit, und das ist, was deine Realität ist.
Du musst erkannt werden, aber du musst auch wissen, wie du
erkannt wirst. Du musst die Technik lernen; und wenn du als ein
universaler Mensch bekannt bist, dann bist du ein Mensch voll
Verdiensten, du bist ein Mensch der Wahrheit, du bist ein Mensch
des Mitgefühls. Du bist wie der Himmel, der jeden bedeckt. Du
wirst von jedem erkannt, nicht indem du Menschen verleumdest,
nicht indem du Menschen verneinst. Wenn du wirst, was du wahrhaftig bist, dann soll alles dich erkennen. Dann werden dich die
Menschen auch finden, selbst wenn du dich zurückgezogen
verstecktest.

Nichts ist alles, und alles ist nichts. Wenn du nichts wirst, aber dich 525
mit allem in Einklang bringst, dann wird alles gerichtet.

Alles, das da kommt, muss gehen. Gehen ist ein Gesetz des Lebens, 526
das durch nichts aufgehalten wird. Nein, nichts kann es aufhalten,
und nichts sollte es stoppen. Wenn dein Sohn sterben muss, so muss
er sterben, er sollte sterben. Alles, was ich zu sagen vermag, ist, dass
er würdevoll sterben sollte.

---

[12] Nam bedeutet: die Identität, die Wahrhaftigkeit Gottes in allem begrifflich Fassbaren.

Wo ein Licht ist, da ist, aufgrund der Polarität, stets ein Schatten; wann immer du sehr rechtschaffen bist und eine gute Arbeit tust, wirst du stets am Kreuz oder in einer Gaskammer enden. Das ist nichts, das den Menschen im Leben unbekannt wäre, aber du musst Würde haben, und du musst Erkenntnis deines eigenen Potenzials bis zur Grenzenlosigkeit besitzen; solches, was der eine sich nicht vorzustellen vermag, zu hören, zu denken und zu sehen, das vermag ein anderer zu zeigen, zu beweisen und zu leben. 527

Einige Menschen denken, dass ein heiliger Mann spindeldürr ist, mit einem Stab in seiner Hand und einer Schüssel Reis, die er einmal im Monat isst, dass er irgendwo lebt und niemals ärgerlich ist. Das ist nicht wahr. Ein heiliger Mann ist eine nützliche, leidenschaftliche Person. 528

Du glaubst, ein Dieb sei nicht heilig? Er trägt zum Erhalt der Polizei bei, so wie das Feuer zum Erhalt der Feuerwehr. Jedes hat eine Polarität, und in diesen Polaritäten, wann immer du einen natürlichen Zustand zu erzeugen vermagst, bist du sehr, sehr glücklich, sehr, sehr gesund und sehr, sehr heilig. Wenn du die Fähigkeit besitzt, diese Stabilität zu erzeugen, so ist das alles, dessen du bedarfst. 529

Wir alle wissen, was Recht ist, das Problem ist, dass wir nicht dafür eintreten. Wir können nicht handeln, da wir die Erfahrung nicht besitzen. Wir haben nicht die Nerven, für die Rechtschaffenheit aufzustehen. 530

Wenn du dich mit dem Glücklichsein verbinden willst, dann bereite dich genauso auf Traurigkeit vor, denn die Welt ist ein Gleichgewicht; es ist wie mit dem Kreislauf von Tag und Nacht. 531

Wenn du wachsen willst, dann musst du Widerstand begegnen. Wenn du sagst, dass es dort keine Menschen geben wird, die dich verleugnen und dir widerstehen und dich niederziehen, so kannst du niemals wachsen. Du musst der gleichen Menge Widerstand begegnen, um die du wachsen musst.

532

In Wirklichkeit lebt der Mensch für die Gesellschaft, während er vergisst, dass er die Gesellschaft ist. Das Ding ist, du musst du selbst sein, sodass die Gesellschaft die Gesellschaft sein kann.

533

Hölle und Himmel sind genau hier. Im Himmel leben die Menschen sehr ruhig, sie sprechen die Wahrheit, und sie sind sehr mitfühlend. In der Hölle springen sie herum, spekulieren und sind unstetig. Ihre Worte sind niemals vertrauenswürdig, weil sie ihren eigenen Worten nicht trauen.

534

Es ist sehr wichtig für dich, dass du das Spiel des Kopfes und des Herzens verstehst. Wenn das Herz eingebunden ist, muss der Kopf entscheiden. Wenn der Kopf eingebunden ist, dann muss das Herz entscheiden. Wenn das eine oder das andere verfilzt, so verpasst du den Lauf des Lebens.

535

Wenn du dich nicht mit der Vergangenheit verbindest, so ist das ein Sieg für die Zukunft.

536

Leben bedeutet Tod, Tod bedeutet Leben. Da gibt es keinen Unterschied. Du stirbst jeden Tag. Jeden Tag müsst ihr alle sterben, um zu leben.

537

Wenn du nehmen willst, so musst du lernen, zu geben. Wenn du geboren bist, so musst du bereit sein, zu sterben.

538

Das Leben hängt an einem zweischneidigen Schwert, hoch und niedrig, gut und schlecht. 539

Es spielt keine Rolle, wer du bist, es spielt nur eine Rolle, wie du strahlst. Glücklich sein, kommt nicht aus dem Materiellen, es kommt aus dem Glücklichsein. 540

Das Selbst ist ein Jetzt, und jetzt ist deine Zukunft. 541

Da gibt es zwei Arten zu leben. Da sind Menschen, die Umstände bewirken, und da sind Menschen, die von den Umständen beherrscht werden. 542

In Freiheit schweben bedeutet, wenn du auf irgendetwas blickst und nicht darin gefangen bist. Du hasst, aber du bist nicht im Hass. Du liebst, aber du bist nicht in der Liebe. Du sprichst, aber du bist nicht in der Sprache. Du bist still, aber du bist nicht in der Stille. Während du handelst, bist du nicht gebeugt. 543

Das Gesetz der Wandlungen muss verstanden werden. Ein jeder hat sich zu wandeln, ein jeder wandelt sich in seinem Bewusstsein. Wenn ein Schüler sich wandelt, so bedarf er mehr, und der Lehrer sollte ihm mehr geben, und wenn der Lehrer erkennt, dass er ihm nicht mehr zu geben vermag, so sollte er ihn dahin senden, wo er mehr erhalten kann. Einige Lehrer sind wie Kletten. Sie hängen an ihren Schülern. 544

Die Wahrheit ist, dass eine Person niemals stirbt, und genauso ist es wahr, dass eine Person niemals lebt. Das ist als die Polarität des Bewusstseins bekannt. 545

Wenn du mit der Natur in Harmonie bist, so wirst du begeistert sein; wenn du gegen sie kämpfst, so wirst du verbraucht. 546

Dieses Leben als Ganzes hat eine Frage und eine Antwort, und dieses Leben als Ganzes hat eine Existenz und eine Nicht-Existenz. Du existierst, aber du existierst auch nicht. Du hast einige Verdienste und einige Werte, und du hast keine Verdienste und keine Werte. Du bist wirksam und du bist unwirksam. 547

Wenn Hölle und Himmel, Lob und Verleumdung, alle eins werden, das ist der Moment, wenn Glaube einsetzt. 548

Wo warst du vor diesem Leben? Du weißt es nicht. Wohin wirst du nach dem Leben gehen? Du weißt es nicht. Woher du gekommen bist, ich weiß es nicht. Wohin du gehst, ich weiß es nicht. Warum musst du es jetzt wissen? Wenn du es jetzt nicht wissen musst, so wird dir alles bekannt werden, da die Dinge in der Polarität sind. 549

Wer ist ein Lehrer? Die Antwort ist, dass der, der der beste Schüler ist, auch der beste Lehrer ist. 550

Du stirbst, doch du stirbst niemals; du lebst, doch du lebst niemals. 551

Wenn irgendjemand mich als Gott annimmt, so wird er Gott in mir sehen. Wenn irgendjemand mich als einen Teufel annimmt, so wird er den Teufel in mir sehen. Doch derjenige ist der, der im Begriff ist zu sehen; ich bin es nicht. Warum sollte ich mir Sorgen machen? Aber wenn mir irgendjemand sagt, ich sei ein Teufel, und ich sage ihm, dass ich es nicht bin, sondern er der Teufel ist, dann bin ich ein wahrhaftiger Teufel; dann kommt der Teufel aus mir. Da ist ein Teufel in mir, und da ist ein Gott in mir; die Frage ist, was aus mir wirkt. 552

Da gibt es zwei Arten des Schutzes: den natürlichen Schutz und den individuellen Schutz. Der natürliche Schutz ist der, wenn Gott dich schützt, und der individuelle Schutz geschieht durch deine eigenen Hände. 553

Entweder fährst du deinen eigenen Wagen, oder ein Chauffeur fährt ihn für dich. Du hast in dieser Welt die Wahl. Wenn du ein großer Mensch bist, so hast du die Unendlichkeit in dir, Liebe ist in dir, und deine Arbeiten werden getan sein. Habe entweder Glauben oder Ärger; bestimme es selbst, aber Bewusstsein ist Rechtschaffenheit. 554

Wenn du etwas verleugnest, so akzeptierst du doch sehr tief in deinem unterbewussten Geist gerade solche Dinge, und manchmal, wenn du etwas akzeptierst, so verneinst du solches ebenfalls in deinem unterbewussten Geist, selbst wenn du es nicht weißt. Also ist es nicht durch dein Handeln, dass du die Dinge bestätigst oder verwirfst. Deine Persönlichkeit, die als eine Persönlichkeit bekannt ist, kann sehr wohl durch das Handeln bekannt sein; aber da gibt es noch einen Teil deiner Persönlichkeit, der unbekannt ist. Ein Mensch ist beides: bekannt und unbekannt. Das Unbekannte ist göttlich, das Bekannte ist das Individuum, wie sehr du auch Gott leugnest. Gott wird nur geleugnet, weil du behauptest, er sei unbekannt. Sich selbst kennen, heißt Gott kennen. Gott ist was? Gott ist eine Gesamtheit, und wenn jemand die Gesamtheit eines Menschen Persönlichkeit kennt, ist er Gott. 555

Gott erhebt den Niedrigsten der Niedrigen und erhebt ihn zum 556
Höchsten der Hohen, um seine Existenz zu beweisen.

Der Unterschied zwischen einem Tier und einem Menschen, ist 557
nicht der, dass das eine auf vier Beinen läuft und du auf zweien; der
Unterschied zwischen einem Tier und einem Menschen ist, dass
deine Instinkte unter deiner Kontrolle stehen. Instinkte eines Tieres
sind nicht unter seiner Kontrolle. Das ist der Unterschied.

Was ist Kohlenstoff? Nichts. Nach Tausenden von Jahren wird es 558
zu einem soliden Kristall. Was ist der Wert eines Kristalls? Nichts,
nicht viel, aber wenn er zu einem Diamantenschleifer gebracht wird,
schneidet er ihn und bringt einen klaren, reinen Edelstein zum
Vorschein, den wir einen Diamanten nennen. Dann, wenn du nach
seinem Preis fragst, so ist das tatsächlich recht viel. Das ist der
Zustand des menschlichen Wesens. Wenn ein Mensch sich noch
nicht selbst in der Essenz seiner Intelligenz kristallisiert hat und
nicht durch alle Facetten seiner Persönlichkeit durchscheint, dann ist
der Preis des menschlichen Wesens null.

Für alles Schöne musst du durch eine Schlucht von Härten. Da gibt 559
es keine Befreiung ohne Mühe. Da gibt es keine Befreiung ohne
Mühe. Um in dir die Kraft zu erschaffen, dass du die Intelligenz
hast, die dir die Kraft geben wird, in deinem eigenen Leben wirksam
zu sein und dir Zufriedenheit in deiner eigenen Freude zu gewähr-
leisten vermag, musst du arbeiten, du musst sie dir verdienen.

Das Ego ist nichts anderes als ein verpflichtetes Bewusstsein, und 560
wenn deine Existenz ein verpflichtetes Bewusstsein ist und dein
Handeln ist nicht verpflichtet, dann ist da eine Dualität.

Du bist die Polarität Gottes. Gott ist unendlich und du bist endlich.   561

In Kanada sagte einer der Journalisten zu mir: „Was ist ein Beweis   562
dafür, dass du ein Yogi bist? Ich will einen Beweis, dass du ein Yogi
bist. Ist es auf deine Stirn geschrieben, dass du ein Yogi bist?" Ich
sagte: „Ich muss keinen Beweis liefern. Allein die Tatsache, dass du
mich dreimal fragst, dass du im Zweifel bist, ob ich ein Yogi bin, ist für
sich selbst die Antwort. Du bist im Zweifel, ich bin es nicht. Wenn ich
nicht im Zweifel bin, so spielt es für mich keine Rolle; wenn ich es bin,
so spielt das für dich keine Rolle." Er sagte: „Das verstehe ich nicht."
Ich antwortete: „Was du nicht verstehst, das verstehe ich." Er sagte:
„Willst du mir nicht einfach sagen, warum du glaubst, dass du ein Yogi
bist?" Ich sagte: „Mein Glaube, dich nicht zu widerlegen, macht mich
zu einem Yogi, und dein Glaube, mich zu widerlegen und mich in die
Ecke zu drängen, macht dich zu einem Interviewer."

Da gibt es keine Zukunft für jene, die stets mit der Vergangenheit   563
verbunden sind, sondern die Vergangenheit ist jetzt, und auch die
Zukunft ist jetzt. Du kannst das Gestern auslöschen; jetzt kannst du
das Morgen herausfinden. Das Leben im Jetzt nennt man die höchste
Errungenschaft.

Warum kannst du dich nicht in dir selbst zurückziehen? In dem   564
Moment, in dem du nach innen gehst, wird das Licht aus dir herausge-
hen, weil jede Handlung eine Reaktion zur Folge hat, gleichartig und
entgegengesetzt. Wenn du das Geheimnis des Lebens zu verstehen
vermagst, kannst du die Zeit überwinden; anderenfalls wird die Zeit
tun, was die Zeit zu tun hat.

Es ist ein universelles Gesetz, dass eines auf das andere folgt; aber   565
was wir wollen, ist das eine, und was wir nicht wollen, ist das andere.
So wie Regen von Sonnenschein gefolgt wird, eine Tragödie von Segen
gefolgt ist, und die Segnungen von Tragödien gefolgt werden. Es ist ein
Kreislauf. Wenn du keine Segnungen willst, dann verlange keine
Tragödien. Wenn du Tragödien willst, so verlangst du zugleich
Segnungen, weil ein jedes auf das andere folgen muss.

Wenn wir nicht einen solchen Verstand entwickelt haben, eine 566
bestimmte Situation zu meistern, werden wir zwischen Segen und
Tragödie, Tragödie und Segen hin und her geworfen, ohne zu
verstehen, was ist was. Also, wenn wir uns selbst geistig so vorbereiten, dass eines dem anderen folgt und stets in der Haltung der
Dankbarkeit leben, werden weder die Tragödien für uns Tragödien
sein noch die Segnungen Segnungen. Und am Ende wird alles gut
und gültig sein. Solches ist als der stetige Zustand des Bewusstseins
bekannt, in dem ein Mensch so erhoben leben kann, dass nichts ihn
betrübt. Erinnere dich, wenn du zu glücklich bist, kann dein Herz
versagen; wenn du zu traurig bist, kann dein Herz versagen.

Sei erleuchtet im Begreifen, dass der andere Mensch mit dir 567
identisch ist, dass der andere Mensch du bist. Verstehe durch Mitgefühl, dass Leidenschaft dich missverstehen macht. Schwinge mit
dem Kosmos, und der Kosmos wird dir den Blick ebnen. Wenn
Furcht und Unsicherheit dich verlassen, werden die Wahrheit und
der Geist mit dir sein.

Diejenigen, die im Handeln demütig sind, sind stets rechtschaffend 568
vor dem Angesicht Gottes. Sie sind durch das höchste Wesen
geschützt und werden stets in großer Fülle leben.

Was kannst du für einen Mann tun, der in seinem Glück Gott 569
vergisst, und in seiner Wut und Zorn Gott nicht fürchtet? In
Wirklichkeit ist Gott nichts anderes als Unendlichkeit, und der
Ursprung des Menschen beginnt in der Unendlichkeit und endet in
der Unendlichkeit. Es ist in dieser Übergangszeit, in der du kommen
und gehen musst; nicht zu erkennen, dass wir gekommen sind, um
zu gehen, ist die Ursache des Problems.

Eine Autobahn hat Spuren, aber auf dieser Autobahn sind vier   570
Spuren. Du kannst keine fünfte Spur eröffnen. In dem Moment, in
dem du ein Meister der fünften Spur werden willst, verlässt du die
Autobahn. Das ist das Spiel des Egos, der individuellen Persönlichkeit, in den Grenzen des Willens des Grenzenlosen. Im Ausdruck
der Seele des Einzelnen, wenn das Ego bewirkt, dass ein Mensch
über sich selbst hinaus projiziert, auf einem jeden Gebiet, verlässt er
die Spur. Das Ego ist ein essenzieller Teil der menschlichen Seele,
aber es muss im Gleichgewicht sein, weder zu viel noch zu wenig
davon ist richtig.

Was ist ein höheres Bewusstsein, und was ist ein niederes   571
Bewusstsein. Alles, wobei das Selbst zulasten anderer sich verbindet, ist ein niederes Bewusstsein. Alles, wobei das Selbst sich
hingibt, zugunsten anderer, ist höheres Bewusstsein.

Wie oft hältst du dich selbst vom Gott-Bewusstsein fern, indem du   572
versuchst, vorzutäuschen, dass du großartig und heilig seist,
während du dich bemühst, den negativen Teil deiner selbst zu
verbergen.

In meinem Bewusstsein, dort gibt es eine Unterstützung, und in der   573
Unterstützung, da ist ein Gleiches negativ und ein Gleiches positiv.
Das gibt es jeweils zwei Gleichgewichte in jeder Person, die den
wahren Rhythmus des Lebens auswiegen.

Lerne im Zustand der Nicht-Existenz zu existieren; das ist Realität.   574

Weder ist deine Erscheinung schlecht noch ist deine Handlung   575
schlecht; es ist eine üble Absicht, die das Problem ist. Und was sind
die üblen Absichten? Listige Einfälle.

Eine Person, die ihr höheres Selbst nicht mit ihrem niederen Selbst und ihr niederes Selbst nicht mit ihrem höheren Selbst zu besprechen vermag, hat ein großes unterbewusstes Problem.

Hingabe

Devotion

Das Einzige, was sich in unserem Leben bezahlt macht, ist Geduld. 577
Während meines aktiven Lebens habe ich stets gesehen, dass der,
der keine Geduld hatte, zum Leidenden wurde. Die höchste Prüfung
eines menschlichen Wesens ist die, ob es Geduld hat oder nicht.

Am Anfang da war ein Verlangen; Verlangen war Gott und 578
Verlangen ist Gott.

Am Anfang da gab es eine Vereinigung. Vereinigung geschah mit 579
Gott, Vereinigung war Gott.

Am Anfang da gab es ein Sehnen. Sehnen war mit Gott und Sehnen 580
war Gott.

Wenn du deine Hände faltest, neutralisierst du dich selbst in Bezug auf die Energie, und wenn du dich verbeugst, dann geht dein gesamter Blutstrom in Richtung auf den Kopf. Wenn das Magnetfeld neutralisiert ist und die Zirkulation zum Kopf hingeht, funktioniert das Gehirn sehr gut, selbst das stumpfste Gehirn beginnt zu arbeiten, wird hell und aktiv; das ist der Grund, warum es in Indien Brauch war, dass, wenn du gingst, deinen großen Meister oder Guru oder geliebten Yogi zu treffen, es gewöhnlich war, sich vor ihm zu verbeugen, und es war genauso gewöhnlich, dass du deinen Kopf nicht angehoben hast, bevor er dir auf den Rücken klopfte. Was die großen Gurus zu tun pflegten, war, dass, wenn jemand kam und sich vor ihnen verneigte, sie einen Freund zur Seite nahmen und mit ihm zu einem langen Spaziergang aufbrachen und nach sechs Stunden zurückkamen. Wenn die Person immer noch da war, dann würden sie kommen und auf seinen Rücken klopfen. Sie würden sagen: „Wie geht es dir?" Er würde sagen: „Ich bin erleuchtet." Natürlich, sechs Stunden in dieser Position könnten sogar eine tote Person erleuchten. 581

Einst fragte mich jemand in einer Klasse: „Wessen sollte man nicht verlustig gehen?" Ich sagte: „Der eigenen Unschuld. Die kostbarste Qualität ist des Menschen eigene Unschuld. Es spielt keine Rolle, wie clever, diplomatisch, schlau und intellektuell kreativ du bist. Du bist im Grunde nichts, denn die Schönheit des Menschen liegt in seiner Unschuld." 582

Wenn du in den Morgenstunden aufstehst und stets auf das erste Wort meditierst, so wirst du stets geehrt sein. Du wirst die Befreiung in deinem Leben geschehen sehen. Nanak[13] wusste, dass dies der Weg ist, auf dem du wahr werden kannst, und die Wahrheit sich in dir manifestieren kann. 583

---

[13] Guru Nanak ist der Begründer des Sikh Dharma und ist der Erste in der Reihe der zehn Sikh Gurus.

Folge nicht Guru Nanak, sei er; so wie er sang und Gott verherrlichte, genauso kannst du es auch. Das ist es, was er uns zeigte und uns wieder und wieder versprach. Ich bin demütig unter den Demütigen, niedrig unter der Niedrigen und gewöhnlich unter den Gewöhnlichen, oh Gott, aber sieh nur, wie sehr du mich verherrlicht hast, dass ich solchen Lobpreis für dich singen kann, der mir selbst fremd ist.

584

Das Schwierigste, das man auf dieser Erde üben kann, ist demütig zu sein. Das ist nicht leicht, es ist schwer, weil du die Existenz aller Maya überwinden musst und erkennen, dass Gott an deiner Seite ist. Dann fühlst du die Demut.

585

Gott garantiert, dass die, die mit Hingabe dienen, den Ozean dieser Welt überqueren.

586

Ich habe einen Vater, und Er hat einen Himmel, und du kannst Ihn auf meine Art erreichen. Ich bin der einzige Weg. Wenn du das Mitgefühl besitzt, das ich habe, wenn du die Liebe hast, die ich habe, wenn du die Demut hast, die ich habe, wenn du den Dienst tust, den ich tue, wirst du so sicher, wie ich zum Haus meines Vaters, zum Königreich meines Vaters, gehe, ebenfalls dahingehen; und da gibt es keinen anderen, als eben diesen Weg. Ich muss genauso sein, um zu gehen, und du musst ebenfalls genauso sein.

587

Wenn da ein heiliger Mann ist und du seine Füße berührst, was kann er tun? Was ist für ihn anderes übrig, als zu sagen: „Gott segne dich." Richtig? Wenn du die Gewohnheit besitzt, die Wahrheit zu sprechen, und wenn er sagt, Gott segne dich, dann muss Gott dich segnen. Welche Möglichkeit sonst hat Gott?

588

Gebet ist eine Wendung des Selbst, in der du mit dem Unendlichen sprechen kannst. In der Meditation kann Gott zu dir sprechen, und im Gebet kannst du zu Gott sprechen. 589

Demut im Handeln ist universales Bewusstsein. 590

Wenn du dich nicht über die fünf *Tattwas*[14] erhoben und dich nicht selbst zum Christ gemacht hast, warum sagst du, du bist ein Christ? Wie viele von euch sind in seinen Fußstapfen gewandert? Zuerst bemühe dich zu verstehen, mit wem du zusammen sein willst, und dann bemühe dich zu begreifen, wie weit du dem Meister gefolgt bist. 591

Im Hause Gottes ist der Fortschritt langsam, aber es gibt keine unendliche Dunkelheit. Dir wird geantwortet, wenn du Ihn rufst. 592

Erinnere dich: Ein jeder muss zu seinem Ruhm sein eigenes Kreuz tragen. Das ist die Art, wie ein Gott es tat, indem er sein eigenes persönliches Beispiel gab. Er trug sein eigenes Kreuz und fragte nach den schrecklichen Zeiten, und er selbst wurde gekreuzigt für deine Sünden, und er gab ein Beispiel durch sein Opfer, das du ausschließlich, indem du den Schmerz anderer auf dich nimmst, jemals irgendwie in Freude leben kannst. 593

---

[14] Tattwas sind die Naturelemente, denen bestimmte Aspekte der menschlichen Natur entsprechen: Äther (Ego), Luft (Lust), Feuer (Wut), Wasser (Gier), Erde (Verhaftung).

Ich sehe euch alle nur auf eine Weise. Ich sehe das Göttliche über- 594
all. Jetzt habe ich es gesehen, ich vermag nichts anderes zu sehen.
Wenn ich blind bin gegenüber den von Menschen gemachten Regeln
und Begrenzungen, so ist das nicht mein Fehler. Ich habe unter
solchen Regeln gelebt, und es waren die Gnade und der Ruhm des
Meisters, die mir die Sicht eröffneten; jetzt habe ich diese Sicht, und
ich will sie zu keinem Preis mehr lassen; eher will ich diesen
Körper, dieses Gefährt lassen, und es hier verlassen, denn dass ich
diese Sicht ließe, die mich jenseits von Zeit und jenseits des Karmas
gebracht hat.

Hingabe ist der Beginn einer jeden Liebe; wir alle wissen darüber, 595
aber wir praktizieren es nicht. Sich selbst zu unterwerfen, bedeutet,
den Gegenstand zu erhalten, aber wie viele vermögen sich selbst zu
unterwerfen?

Es ist ein Vergnügen, für höhere Werte egoistisch zu sein. Ich will 596
gierig sein, ein wirklich frommer Mensch zu sein. Meine Gier ist,
dass ich ein sehr guter Mensch sein soll. Ich bin gierig, jedem zu
dienen, ich bin nicht gierig, Menschen einen schlechten Dienst zu
erweisen.

Wenn du die Macht hast zu glauben, dann soll, was du glaubst, 597
wahr werden. Das bedeutet, dass dieser kleine Computer die Macht
hat, den Mastercomputer so zu organisieren, dass er auf ein Signal
handelt. Mit einfachen Worten: Ein Mensch hat die Kontrolle über
das universale Bewusstsein. Man nennt es *Bhakti Yoga*[15] oder Hingabe, Verehrung.

Ein Knoten, von Gott gegeben, kann von einem Mann Gottes ge- 598
öffnet werden. Und ein Knoten, von einem Mann Gottes gegeben,
kann nicht von Gott geöffnet werden.

---

[15] Bhakti Yoga bedeutet: das Yoga der Hingabe, der höchsten und reinsten Form der Liebe, beständig, unbeirrbar, furchtlos,
rein und beständig.

Beziehung

Relationship

Ein Lehrer stellt das technische Gewusst-wie zur Verfügung; der   599
Schüler meistert es und wird selbst ein großer Meister – das ist das
Gesetz. Diejenigen, die diesem kosmischen Gesetz anhängen und
die Arbeit verrichten, werden befreit.

Was ist ein Lehrer? Ein Lehrer ist eine Person, die die Egos schlägt   600
und in Eins verschmilzt.

Habe Glauben an dein eigenes Selbst, denn du bist ein Selbst.   601
Nichts ist jenseits des Selbst, nichts war jenseits des Selbst, nichts
wird jenseits des Selbst sein, weil du ein Selbst bist, zu Beginn und
am Ende; darum, sobald du das Selbst erkennst, wirst du ein
verwirklichtes Selbst sein, dann wird alles dich erkennen.

Indem du ein anderes menschliches Wesen liebst, und indem ihr   602
eure Identität verschmilzt, lernst du, deine Identität in den ganzen
Kosmos zu verschmelzen; das ist, warum ein Guru und ein Chela[16]
miteinander in Verbindung kommen. Warum brauchst du einen
Guru? Ein Guru ist ein Individuum, ein begrenztes kleines Ding, in
welches ein Individuum, ein begrenztes kleines Ding, seine Persönlichkeit vollständig verschmilzt; dann existiert er ohne Ego.

---

[16] Chela bedeutet: einer, der sich hingibt, ein Schüler.

Die Aufgabe des Lehrers ist es nicht, dich die Wahrheit zu lehren, 603
weil du die Wahrheit kennst. Du kennst die Wahrheit. Die Aufgabe
des Lehrers ist es, dich aus seinem praktischen Leben und seiner
Erfahrung zu erinnern, die Wahrheit zu leben. Das ist alles, wie es
eben ist. Da gibt es nichts, was du nicht weißt.

Wenn der Gegenstand sich selbst unterwirft, dann haben Anlass 604
und Gegenstand keine Identität. Wenn der Diener mit dem Meister
verschmilzt, dann wird zwischen Meister und Diener kein Unterschied mehr sein; darum wird jeder Diener als ein Meister enden
und jeder Meister als ein Diener, weil jeder Meister dem Diener zum
Diener wird.

Was ist ein menschliches Wesen? Ein magnetisches Feld, das ist 605
alles, was es ist. Was für eine Art magnetischen Feldes ist es? Es
schwingt in Bezug auf seinen eigenen Kern und im Verhältnis mit
seiner Existenz zum ganzen Universum. Und da gibt es viele magnetische Felder, Millionen von ihnen. Ohne mit irgendjemandem zu
sprechen, kommunizierst du.

Ein Rat sollte rechtschaffen sein, dein Geist sollte rechtschaffen 606
sein, und dein Rat und dein Handeln in Bezug auf diesen Rat sollten
rechtschaffen sein. Wenn ein Guru sagt: „Stehe am Morgen auf und
lobe Gott", wirst du das tun?
Antwort: Ja.
Frage: Wenn der Guru sagt: „Stehe auf am Morgen und stehle",
wirst du das tun?
Antwort: Ja.
Frage: Ist alles, was der Guru sagt, rechtschaffen?
Antwort: Anderenfalls ist er kein Guru.
Frage: Ist es rechtschaffen zu stehlen?
Antwort: Vielleicht prüft er, wer weiß es. Was ist ein Guru? Ein
Guru ist eine unbekannte Unendlichkeit deiner selbst, anderenfalls
kann ein anderes menschliches Wesen dir kein Guru sein.

Wenn es da eine Kraft zu glauben gibt, Menschen mit Mitgefühl zu
dienen, was immer du auch wärst, was immer du bist, dann bist du
der Heiligste der Heiligen, wenn du einen Zustand des Bewusstseins
erreicht hast, wo du Mitgefühl hast. Gott ist ein Diener gegenüber
den Menschen von Mitgefühl.

607

Einige Menschen nehmen die Gewohnheit an, keine Fehler
zuzugeben. Jedoch dem eigenen Selbst gegenüber Fehler einzuge-
hen, ist eine Chance für das Wachstum. Es ist eine der höchsten
Tugenden, nicht weil du von dieser Welt gerichtet werden wirst,
sondern weil du durch dein eigenes höheres Bewusstsein beurteilt
werden wirst. Wenn du das einfach fühlst und verstehst, wirst du
wohltätig und tugendhaft werden. Dein Richter ist dein eigenes
höheres Bewusstsein.

608

Ein würdevoller Mann ist zugleich ein Mann von universalem Ego;
er gibt seinen Kopf, doch er beugt sich nicht.

609

In unserem Leben schätzen wir manchmal die Werte nicht hoch,
die zu unseren Werten beitragen können.

610

Beginne zu begreifen, dass du die kreative Quelle und der Kern der
ganzen schwingenden Wirkung bist. In dem Moment, in dem du das
verstehst, ist dein Problem gelöst. In dem Moment, in dem du weißt,
dass du du bist, sind deine Probleme vorüber. In dem Moment, in
dem du weißt, dass du du bist, sind Gott und du eins, weil du der
Schöpfer bist und Er der Schöpfer ist.

611

Wenn es irgendeine andere Absicht als das Mitgefühl in all den
Beziehungen deines Lebens gibt, dann wirst du auch Schmerz in
solch einer Beziehung finden.

612

Was ist Größe? Größe ist, wenn du herausgefunden hast, dass du nicht groß bist, sondern alles andere groß ist. Wenn alles andere groß ist und du das erfahren hast, dann erhält dich alles andere in seiner Achtung.

613

Wir lieben das Begrenzte – den Guru – um das Grenzenlose zu finden; und das ist die Absicht des Gurus, etwas zu geben, darauf zu fokussieren.

614

Groß sind jene, die in Begleitung eines großen Meisters sind, aber größer noch sind die, die gemäß den Worten des Meisters leben, denn sie werden selbst groß werden.

615

Da gibt es keinen Unterschied zwischen dir und mir. Er spricht, und Er hört, und das ist Maya. Wenn du diese Maya verstehst, dann wirst du die ganze Wahrheit verstehen. Er spricht mit mir. Er hört, was du sagst, weil Er derjenige ist, der den Atem gibt. Er gibt mir den Atem zu sprechen, und er gibt dir den Atem zu hören. Wenn du dieses Geheimnis verstehst, dann verstehst du alles.

616

In mir habe ich nur eine Wahrheit gefunden – das ist die: Ich atme ein, und ich atme aus. Und so ist alles, das ein- oder ausatmet, Wirklichkeit. Als ich begriff, dass dies in einem jeden die Wirklichkeit ist, habe ich mich selbst in jedem und jeden in mir selbst gefunden.

617

Da gibt es das Gesetz des Mitgefühls, das da sagt, handle mit einem Menschen auf der Ebene seines Bewusstseins, verbinde dich selbst auf jener Ebene des Bewusstseins, ohne mit deiner in Beziehung zu sein, und dann erhebe ihn. Dieses Gesetz wirkt sowohl in Beziehungen als auch in Freundschaften.

618

Das Dritte Auge sieht alles, das Unterbewusstsein sieht alles. Wenn   619
du in dieser Ekstase des Komas bist, während du die Erde verlässt
und in deine Heimat ziehst, dann wird es dir die ganze Geschichte in
einer sehr kurzen Zeit erzählen. Es wird ein ganzes Filmwerk
zeigen. Es wird dir alle deine Spiele und all die Extras in diesem
Lauf vor Augen führen. Die Wirkung dieser Aufführung soll dergestalt sein, dass dich der Mut verlässt, vor deinen Schöpfer zu treten.
Ein beschämter Mensch kann nicht nach Hause gehen. Ein Mensch,
der die Tradition und Erwartung der Eltern gebrochen hat, kann
nicht durch die Tür ins Heim eintreten. Es mag sein, dass die Eltern
verlangen, ihn zu sehen, doch er geht nicht hin, weil er sich selbst
nicht wert fühlt.

Jede Beziehung, wo irgendein Sehnen oder eine Ausbeutung einge-   620
bunden ist, solch eine Beziehung nennt man, auf Kosten eines
anderen leben. Mit Menschen leben bedeutet, dass du die Kräfte mit
den Menschen teilst, um andere Menschen in Richtung auf das
Glück zu inspirieren. Für Menschen leben bedeutet, du bist willens,
deine materielle, mentale und energetisch spirituelle Stärke hinzugeben, einen anderen Menschen zu erheben und zu erhöhen. Dies
sind die drei Arten von Beziehung. Die dritte Art, die macht, dass du
für andere Menschen lebst, macht dich unsterblich, die zweite Art
einer Beziehung macht dich glücklich, die erste Art einer Beziehung
macht dich elend. Und dieses Muster des Verhaltens entscheidet
unser Schicksal.

Die Beziehung zwischen dem Kosmos und dem Individuum und   621
zwischen dem Individuum und einem anderen Individuum ist genau
dieselbe Beziehung, weil ein jeder seinen eigenen Kosmos besitzt.
Wenn jemand nicht versteht, sich mit eines anderen Menschen
ganzer kosmischer Existenz zu verbinden, so vermagst du nicht
irgendeine Beziehung aufzubauen.

Unsere Beziehungen gründen auf drei Dingen: Geld, die Medien 622
(weil sie einstellen und entlassen können, wie sie wollen) und die
Frau (die der erneuernde Instinkt des Mannes ist). Das ist der Grund,
warum die Frau gegenüber dem Mann und umgekehrt so machtvoll
ist; der Mann will die Menschen kontrollieren und beherrschen. So
sind dies also die drei grundlegenden Dinge, die den Mann vorwärts
bringen. Doch da gibt es eine Beziehung, die über diesen drei
Dingen steht, und das ist, dass du die Seele und das Göttliche in
einem jeden siehst und einem jeden auf der Ebene von Seele zu Seele begegnest.

Beginne recht zu denken, und du wirst recht werden. Und solches 623
Denken darüber, wie weit ich recht bin oder wie falsch, entscheidet,
wie nah oder wie fern du von Gott bist. Wenn du das Gefühl hast, du
bist falsch, so fühlst du dich auch fern von Gott. Wenn du das
Gefühl hast, recht zu sein, dann fühlst du dich auch Gott nahe. Da
gibt es keinen Abstand zwischen dir und Gott; es ist dein Denken,
das dich entfernt.

Ist irgendjemand unter seiner eigenen Herrschaft? Bist du hier 624
wegen mir? Und bin ich hier wegen dir? Nein. Es ist der Wille des
Einen, mit einem jeden zu sein, und so will Er und so ersehnt Er und
so erreicht Er und wirkt. Niemand gehört irgendjemanden und niemand gehört nicht irgendjemandem. Alles gehört dem Einen.

Geben ist ein Prinzip, und es ist ein immerwährendes Prinzip. Dein 625
Schöpfer gab dir das Leben, und das ist es, warum er ein großer
Geber ist.

Unser Unterbewusstsein ist so verstockt, dass wir gewöhnlich drei 626
Dinge irrtümlich wählen: die Frau, den Beruf und die Freunde.

Kein Mensch ist ein perfekter Meister, keiner. Der einzige perfekte Meister, den ein Mensch Gottes zu erfahren vermag, ist Gott selbst. 627

Die Beziehung zwischen dem Schüler und dem Guru begründet sich in dem Zustand, wenn der Schüler die Ekstase der Unendlichkeit realisiert. 628

Es kostet keine Zeit, um dein Herz zu öffnen und die Liebe in dir zu fühlen. Doch wann willst du es tun? Der Moment, dich dahin zu wenden, der kostet Zeit. 629

Die Klarheit des Verstandes bewirkt das Mitgefühl im Herzen. Das Mitgefühl im Herzen bewirkt gottgleiches Handeln, und gottgleiches Handeln bewirkt die Einsatzbereitschaft und Fähigkeit Gottes in dir. 630

Meine Aufgabe ist es, mit dir Wissen zu teilen. Deine Aufgabe ist es zu üben, das Wissen zu erfahren, sodass es dein Eigen wird. 631

Womit du dich verbindest, das wirst du sein. Tatsächlich bist du unsterblich. Du bist ein Bewusstsein. 632

Deine Seele zu verleugnen, bedeutet, deine Gottheit zu verleugnen: So wie eine Rose einen Duft besitzt, so hast du eine Seele; so wie ein Spiegel ein Bild zeigt, so hast du eine Seele. Deine Seele zu verleugnen, bedeutet, deine gesamte Fülle zu verleugnen. 633

Wenn du in deinem Benehmen und Handeln nur mit der physikalischen Ebene verbunden bist, so handelst du auf einer sehr plumpen Ebene. Wenn du in deinem Bemühen und Handeln nur deinen Verstand anwendest, so benutzt du deinen Intellekt. Aber wenn du in deiner Existenz und in deinem Benehmen deine wirklich grundlegende Seele wirken lässt, so wirst du ein universales Bewusstsein.

634

Keine zwei Körper sind gleich, und keine zwei Geister sind gleich. Was ist gleich? Der Lebenshauch, die Seele.

635

Meditation ist deine Kreativität und dein Handeln in Verbindung mit der Existenz des Kosmos. Es ist die individuelle Harmonie in Verbindung mit der universalen Harmonie einer Existenz. Und so stark diese Meditation ist, so stark ist die Harmonie.

636

Da gibt es einen Weg, einen Mann Gottes stets zu erkennen; sprich zu ihm, und er wird die Sprache der Unendlichkeit sprechen. In einer Rede von einer halben Stunde Dauer kannst du den Mann komplett messen und eichen. Sprich zu ihm über die Welt, deren Erfolg und Versagen. Am Ende wird er dich auf das Eine hinführen, nämlich, dass die ganze Schöpfung vom Schöpfer manifestiert ist und wir Teil dieser Unendlichkeit sind.

637

Ein Guru ist wie ein Ozean, in dem du dich selbst ganz und gar schmelzen kannst und gewaschen und rein daraus hervorgehst. Ein Guru ist die geheime Kammer deines inneren Selbst, wo du dein größtes Geheimnis einschließen kannst und zu dem geheimen Licht der Rechtschaffenheit geführt bist.

638

Wir können nicht darüber sprechen, was gut und was schlecht für jemanden ist, aber jeder hat eine Ebene des Bewusstseins inne. Mit anderen Worten, du hast einen Horizont, eine Grenze, die du sehen kannst. Gehe höher und höher und höher, so wird ein großer Ort kleiner, kleiner und kleiner werden; schließlich wird er auf dich wie ein Flecken wirken, und am Ende wird er, je höher du in dem Bewusstsein gehst, verschwinden. Daraus wird ein Gleichnis; wir sind alle gleich, alle Seelen sind genauso.

639

Ein Guru ist ein Führer. Er ist ein Führer, nicht ein Leiter. Führung bedeutet, dass du die Wahrheit empfiehlst und nicht mit ihr verbunden bist. Du wirst zu ihm hingehen und ihm dein Problem erzählen. Er wird dir unter den gegebenen Umständen empfehlen, was rechtschaffen ist. Es liegt an dir, es zu tun oder nicht, weil du in gleicher Weise ein Gott-bewusster Mensch bist.

640

Viele Avatare sind gekommen. Sie kamen und haben behauptet, dass Gott geradewegs in ihnen sei. Ich stimme dem zu. Doch ich will gerne wissen, wer der Mensch sei, in dem Gott nicht ist.

641

Dein Körper wurde dir zur Bezahlung des Karmas auf diesem Planeten gegeben. Was auch immer du bist, es ist dein Karma, aber du kannst dein gesamtes Schicksal wandeln, wenn du dich mit der Unendlichkeit verbindest; ich bin ein menschliches Wesen, Gott ist mit mir, und alles wird in Ordnung sein. Es ist nicht eine Frage des Glaubens, es ist eine Frage des Übens, das hat nichts damit zu tun, dass du deine Religion wechselst oder deinen Namen tauschst; das wird nicht verlangt. Es ist das Selbst, das ein jeder besitzt. Wann immer du in dir klingen lässt, dass du ein Geschöpf des Schöpfers bist, muss der Schöpfer zu dir stehen.

642

Alle Seelen sind gleich. Lass uns z. B. die Armee betrachten. Da sind 643
fünfzig Einzelpersonen. Was ist die Position einer jeden einzelnen Person? Einer ist der Schütze, einer ist der Panzerfahrer, einer könnte einfach ein Putzer sein, ein anderer ist eine Ordonanz. Die fünfzig Leute haben unterschiedliche Arbeiten, aber in der Armee sind sie alle als Einzelpersonen. Genau auf die gleiche Art und Weise hat eine Seele ein ihr zugeteiltes Karma, und diese Seele hat eine grenzenlose Verbindung mit dem höchsten Bewusstsein.

Was auch immer du sagst, ist ein Mantra (siehe S. 7). Was auch 644
immer du sagst, ist aufgezeichnet, und daran werden dein Ansehen und dein Kredit bemessen. Deine geistige und körperliche Schwingung reflektieren deine Seele, und da gibt es nichts, was negativ wäre. Negativ ist entweder, wenn du nicht kommunizierst, oder eine andere Partei nicht kommuniziert. Das Problem ist, dass die Übertragung das Schiff versenkt; das ist nicht gleichzusetzen mit Beziehung. Die Übertragung ist das Mittel der Kommunikation; also, wenn dort ein Freund ist, halte die Frequenz auf einem positiven Kanal. Selbst wenn es dein Feind ist, wahre deine Positivität.

Wenn ein Mensch sich selbst zu dem Bewusstsein erwecken kann, 645
dass er ein Mensch ist, wandelt sich sein Schicksal. Was du in deinem Leben wissen musst, ist, dass du gewiss ein menschliches Wesen bist.

Ein Kind ist dir geboren, dass du ihm hilfst, seinem Karma in 646
diesem Leben zu begegnen. Ein Kind ist nicht dein Ego, es ist nicht dein Schmusehund in dem Haus, es ist kein Ersatz für Liebe. Ein Kind hat damit nichts zu tun. Dir ist ein Kind geboren, sodass du es vorbereiten kannst, der Zeit bis in die Unendlichkeit zu begegnen.

Individuelles Bewusstsein wird dich verfeinern, Gruppenbe- 647
wusstsein wird dich erweitern, und universales Bewusstsein wird dich zur Unendlichkeit zurückführen.

Ein Mensch als Schöpfer hängt so sehr von seinem Schöpfer ab, 648
dass du es nicht glauben kannst. Und manchmal, wenn du von
irgendetwas abhängig bist, so magst du das nicht, dann wirst du
Atheist. Wir mögen es nicht wahrzunehmen, dass wir von irgendetwas abhängen. Wir mögen die Idee von Gott nicht. Das ist geradezu
so, als wenn ein Traktor seinen Fahrer nicht mag; er will einfach
selbst laufen.

Wenn ein Mensch seinen Wert kennt, wird ihn die ganze Welt 649
wertschätzen. Wenn ein Mensch seinen Wert kennt, spricht er die
Wahrheit und seine Worte werden die Wahrheit. Ein Lehrer ist einer, der dich kennt und der dich an deinen Wert erinnert.

Wenn du in den Zustand der Ekstase kommst, den „Wah"-Zustand, 650
kannst du alles überwinden; alle Behinderungen und Probleme in
deinem Leben sind gelöst, und du wirst eine Brücke darüber
besitzen. Du musst diese Brücke bauen. Niemand kann diese Brücke
für dich bauen, und diese Brücke soll deinen Verstand üben. Wenn
ich als ein menschliches Wesen um das Sein des Seins weiß, ist die
Zeit hier und jetzt, und morgen werde ich in Ordnung sein.

Der Unterschied zwischen dir und einem Tier ist der, dass das Tier 651
in seinem Mitgefühl begrenzt ist und dass du unbegrenzt mitfühlen
kannst.

Ein Mensch Gottes spricht die Wahrheit, erleuchtet die Menschen 652
und erhebt ihr Bewusstsein. Also folgen die Leute ihm, mögen ihn,
lieben ihn. Ihr Geist ist berührt, ihr Geist berührt ihre Kinder. Generation für Generation, so geht es weiter.

Du musst im Gruppenbewusstsein leben, und du musst Universali- 653
tät handeln. Das wird dich zur Rechtschaffenheit leiten. Das wird
dich zur Würde führen. Das wird dich zu Gott-Bewusstsein leiten.

Ihr alle kennt die Wahrheit. Wenn ihr denkt, ihr könnt lernen, was 654
die Wahrheit ist oder was rechtes Leben ist, so seid ihr im Irrtum.
Ihr alle wisst, was rechtes Leben ist und was Wahrheit ist. Ein jeder
weiß es, aber wir können nicht danach leben: Einige von uns wollen
nicht danach leben. Nun, die Frage ist, warum können wir nicht
danach leben? Wir sind emotional miteinander verbunden. Wenn
unsere emotionale Verbindung absolut perfekt erscheint, ist es sehr
schwierig für jeden von uns, uns selbst daraus zu lösen. Und wenn
du nicht aus dem Moder entkommst, wie kannst du dann sehen, was
du tust?

Warum Gott finden? Wo ist Gott? Ist Er in den Ferien? Was immer 655
ist Ihm geschehen? Wenn du begreifst, dass Gott allwissend, allgegenwärtig und allmächtig ist, dann wirst du die Idee vergessen, Ihn
zu finden. Du hast Ihn schon gefunden. Er ist in dir, und du bist in
Ihm. Aber wenn du keine wirkliche Verbindung mit Ihm auf diese
Art und Weise hast, dann fahr ruhig darin fort, Ihn zu suchen, und
ich kann dir garantieren, dass du Ihn niemals findest.

Da ist nichts Schlechtes dabei, einen guten Wagen zu besitzen, ein 656
Flugzeug, ein Boot, ein Haus mit vierundzwanzig Räumen. Da ist
gar nichts Schlechtes daran. Wenn du es besitzt, dann bist du gesegnet. Habe all dieses, aber sei unbesorgt darum, sei nicht damit verbunden. Es ist absolut in Ordnung, sechs Autos zu besitzen. Kein
Problem. Aber sorge dich nicht um solche Dinge. Materielle Sorgen
können manchmal die Form einer Belastung, einer Krankheit annehmen.

Wenn ich die Sonne sehe, will diese keine Befreiung, noch hat der 657
Mond jemals solches versucht, noch suchen die Sterne sie. Ich sehe
sie so wunderbar, herrlich, so organisiert in ihrem Wesen, so konzentriert in ihrem Bewusstsein, dass ich mich in meinem kleinen
Selbst zurücklehne und rufe: „Wah, Wah", ganz oft. Er ist überall
zugegen, durch jeden Einzelnen. Dann sehe ich jedes Molekül
meiner selbst, jedes Molekül, das mich umgibt, ist nichts als ein
Lehrer.

Ich denke nicht, dass irgendjemand zu lernen hat, was die Wahrheit ist. Ein jeder kennt die Wahrheit. Alles, was der Mensch zu lernen hat, ist die Wahrheit zu leben. Und wenn er die Wahrheit lebt, dann wird er die Wahrheit. 658

Der Schöpfer erschafft die Menschen, dass sie nichts anderes als Spiegel sind, in die Er hineinblicken kann und sie in ihren eigenen Schwächen und ihren eigenen Wirkungen im Sein sieht. 659

Religion ist eine Methode, durch die ein Mensch, der Bewusstsein erlangt hat, einen anderen Menschen dahinbringen kann, sein ursprüngliches Bewusstsein zu entwickeln. Es spielt keine Rolle, ob du ein Christ bist, es spielt keine Rolle, ob du ein Buddhist bist, es spielt keine Rolle, ob du ein Jude bist. Ich finde keinen Unterschied. Nimm an, wir sollen Tokio in Japan erreichen. Spielt es eine Rolle, welche Fluglinie wir nehmen, solange uns die Fluglinie nach Tokio bringt? 660

Ein jedes Ding in diesem Universum wurde als Lehrmeister erschaffen. Der Mond ist ein Lehrer, die Sonne ist ein Lehrer, die Sterne sind Lehrer. Aber da gibt es auch Menschen, die professionelle Erinnerer werden. Das ist es, was wir einen Lehrer nennen. Ein Lehrer ist ein professioneller Erinnerer. 661

Ein Lehrer ist eine Berufsperson, die den Menschen daran erinnert, dass er in der Begrenztheit zur Unendlichkeit gehört. 662

Was wir zu tun uns bemühen, ist nicht, auf Kosten voneinander zu leben, ist nicht, miteinander zu leben, sondern ist, füreinander zu leben. 663

Genauso wie eine Person auf dieser Erde die Verbindung zwischen 664
Mann und Frau nicht versteht, auf die gleiche Weise versteht die
Schöpfung nicht die Beziehung zwischen Gott und Maya.[17]

Ohne einen Guru ist überall Dunkelheit. Nun, wo ist dieser Guru? 665
Hält er eine Lampe in seiner Hand? Nein. Der Guru ist der Eine, der
dich führt. Die Technik des Gurus begleitet dich zur Übung und ist
dir verfügbar. Der Guru ist die Weisheit, die du erlangt hast und die
du in dir erfährst, wenn du Schwierigkeiten überwindest, wenn sich
Körper und Geist auf der einen und dein höheres Selbst auf der
anderen Seite befinden.

Du musst dir ganz bewusst sein, dass niemand falsch ist; darum 666
darfst du niemanden verleumden. Wenn du andere Menschen
verleumdest, geht dein Bewusstsein von einer höheren auf eine nie-
dere Ebene.

Zwischen zwei Menschen ist ein Gott; zwischen drei Menschen ist 667
eine ganze Regierung.

Selbstsucht ist es nicht, wenn du 100 Dollar machst und willst 668
300 Dollar. Selbstsucht ist, wenn du deinen Bewusstseinszustand
wichtig nimmst, während du nicht bereit bist, einen anderen
Menschen in seinem Zustand des Bewusstseins zu versorgen. Das ist
Selbstsucht.

Die Essenz des Lebens ist die Essenz des Lebens, und du musst die 669
Kreativität dieses Lebens mit gewissen Werten hervorbringen. Da
gibt es keine andere Erhabenheit am Menschen als seine Werte.

---

[17] Siehe Seite 11.

Ob ich ein Mann bin oder eine Frau, ob ich hoch bin oder niedrig, 670
ob ich arm bin oder reich, ob ich weiß bin oder schwarz, ich bin ein
Wesen, und da gibt es irgendwo Gründe für meine Existenz. Und
meine Existenz, die einen Grund hat, muss eine Wirkung haben,
weil eine Ursache eine Wirkung haben muss; nun, warum sollte ich
mich selbst irgendjemandem unterwerfen, mit Ausnahme meiner
eigenen Ursache? Und meine Ursache ist die Unendlichkeit, und so
muss ich mich selbst der Unendlichkeit unterwerfen.

Es ist die erste undankbare Aufgabe des Lehrers, eine Umgebung 671
hervorzubringen, in der der Schüler nicht direkt versteht. Wenn der
Schüler direkt versteht, wird er einfach hindurchgehen. Der Lehrer
sollte intelligent genug sein, ein Problem zu erschaffen, welches der
Schüler nicht versteht, und dann sollte er den Schüler hindurch
stoßen, und das wird Glauben bringen. Dieser Glaube wird Berge
versetzen, und diese Berge werden Gott bewegen. Der Formlose
wird hinter der Form weichen sowie die Katzen den Kühen
ausweichen.

Da gibt es nur einen Weg, ein höheres Bewusstsein zu erreichen. 672
Da können viele Fahrten sein, aber es gibt nur einen Weg. Und das
ist der Weg des rechten Lebens. Da gibt es keinen anderen Weg, ein
jeder andere Weg wird Hokuspokus sein. Aber in dem Moment, in
dem du entscheidest, komme, was da wolle, ich bin im Begriff, mir
selbst, in mir selbst, den rechten Weg zu geben, dann wirst du überrascht sein zu sehen, dass alles Übrige in dieser Welt für dich den
rechten Platz einnimmt. Das ist, weil, wenn die Seele, der Kern der
Seele, das magnetische Feld, entgegengesetzt in Bezug auf alle
Verbindungen in der universalen Energie hervorbringt, dann kreist
das gesamte magnetische Feld in diesem rhythmischen Selbst.

Techniken

Techniques

Da gibt es keine Zufälle. Für alles, das dich erreicht, hast du   673
Strahlen ausgesendet.

Kundalini Yoga ist die Wissenschaft von Winkeln und Dreiecken.   674

Da gibt es acht Treppen, die zu den Gipfeln der Berge führen. Der   675
Gipfel des Berges repräsentiert das höhere Selbst und die Treppen
den ursprünglichen Weg des Wesens. Darunter steht geschrieben:
Ek Ong Kar Sat Nam Siri Wha Guru!

Lehren heißt nicht Worte machen oder kommunizieren; Lehren ist   676
ebenso wenig eine Anleitung; Lehren ist *Sein*.

Ist Yoga eine Religion? Es ist, und es ist nicht. In einer Religion   677
musst du etwas glauben, und im Yoga musst du erfahren, was du
glauben willst.

Da gibt es viele Arten des Yoga, und im Westen haben wir vielfache Gedanken darüber, aber soweit es das Kundalini Yoga betrifft, ist es das Yoga des Bewusstseins. Das gesamte Potenzial der Person wird der Person bekannt. Alles Bekannte hat ein unbekanntes Potenzial, und du hast ein Recht, dein unbekanntes Potenzial zu kennen. Warum weißt du nichts darüber? Weil du nicht das technische Know-how hast. Doch das technische Know-how ist dem Menschen durch die erfahrenen großen Lehrer, die es für uns hinterlassen haben, verfügbar. 678

Im Kundalini Yoga kümmern wir uns nicht um die Wirkung, wir kümmern uns um die Ursache, weil eine Ursache eine Wirkung hat. Eine Wirkung kann niemals ohne Ursache geschehen; Konsequenzen, Folgen, werden niemals ohne Sequenz, ohne Abläufe geschehen. Wenn eine Person genug bewusst sein kann, in Bezug auf die Richtung der Abläufe, so kann sie die Konsequenzen kontrollieren. 679

Wenn du die neun Tore deines Körpers meistern kannst – Augen, Ohren, Nase, Mund, Sexualorgane und Rektum – dann werden sich dir alle Geheimnisse der Natur eröffnen. 680

Wenn das Ego mit der Seele verschmilzt, dann ist eine Person erleuchtet. In dem Moment, in dem das Ego stirbt, ist es tot; wir nennen das *Maha Samadhi*. Du kennst die „tu es" und die „lass das"; körperliche Übungen, Asanas; Pranayama-Übungen; dann Konzentration, Kontemplation, Meditation und dann Absorption, *Samadhi*. *Maha Samadhi*, die große Absorption, bedeutet Tod. In Indien schreiben wir nicht, dass irgendjemand gestorben ist, wir sagen, er ist in das *Maha Samadhi* eingegangen. 681

Wenn wir ein *name* singen, einen Begriff, ein Mantra, erzeugen wir eine spezielle Hitze, in der alle Karmas verbrannt werden und wir neutral werden.

682

Dein Leben wandelt sich stets alle sieben Jahre. Innerhalb von sieben Jahren muss sich dein Verlust in einen Gewinn verwandeln, und dein Gewinn muss sich in einen Verlust verwandeln. Auf diese Weise wurde das Universum erschaffen. Das ist ein kosmischer Kreislauf.

683

Wer ist machtvoll, Gott oder du? Wenn du das *japa* vollziehst, ein Mantra stetig wiederholst, dann ist das Ergebnis *tapa*, die Hitze, die das Karma verbrennt.

684

Menschen schwingen mit einer ihnen gegebenen physikalischen Energie. Wenn diese gegebene physikalische Energie in Schwingung ist und das Unendliche Wort erhöht, dann entspricht ihr die geistige Energie und die universale Energie übernimmt.

685

Jemand fragte mich: „Wenn ich für zehn Jahre zu einem Zen-Meister gehe, um von ihm zu lernen, was wird er mich lehren?" Ich antwortete: „Er wird dich lehren, wie du zu sitzen hast, das ist alles. Darin wirst du die Kenntnis des Universums besitzen. Wenn du lernst, wie du zu sitzen hast, dann weißt du, wie du zu stehen hast, und dann weißt du, wie du zu laufen hast, und dann weißt du, wie du zu sprechen hast, und dann weißt du, wie du zu kommunizieren hast, und dann kannst du alles, was du willst, bewirken und auflösen."

686

Kundalini Yoga ist eine Methode, nichts zu werden, sodass alles durch dich fließen kann. Das ist alles, was es ist.

687

Ein Mantra hat keine Bedeutung, solange du nicht das Maß davon hast. In dem Moment, in dem du ein Instrument zu spielen verstehst, wird es Musik hervorbringen. 688

Es kann niemals sein, dass alle dasselbe Ding besitzen werden. Das ist unmöglich. Du kannst Sozialismus finden oder Kommunismus oder Kapitalismus, aber stets ist es unmöglich, dass ein jeder alles hat. Und warum? Kein Individuum hat dieselbe Aura; darum hat auch kein Individuum dasselbe magnetische Feld; darum wird die Anziehung nicht dieselbe sein. Also kannst du nicht dasselbe Ding haben. 689

Der Körper ist mir gegeben worden, um zu erkennen, und ich muss erkennen, wenn ich im Körper bin. Ich spreche nicht in mystischen Begriffen. Wenn der schwingende Kern erkennt, dass das Magnetfeld seiner eigenen Seele in Verbindung mit dem Magnetfeld der universalen Seele ist, dann bewirkt das Harmonie, und dann ist die Verschmelzung mit der Unendlichkeit. 690

Alle menschlichen Wesen wissen intuitiv, was geschieht. Der Unterschied ist, einige können es aufnehmen, und andere können es nicht. Mit einfachen Worten können wir sagen, dass ein jeder gleichsam ein Tonbandgerät besitzt, aber einige haben keine Kassette und andere haben eine. Die, die eine Kassette haben, können aufzeichnen, und die, die keine haben, können nicht aufzeichnen. 691

Bewusst zu sein, wer du bist, ist Bewusstsein, und wenn dieses Bewusstsein, dein Selbst-Bewusstsein, sich mit dem universalen Bewusstsein verbinden kann, dann ist absolute Harmonie. Dann bist du ein Yogi. 692

Samskaras sind die Karmas des vergangenen Lebens. Die Gestalt 693
des Körpers und die Möglichkeiten, die dir begegnen, sind deine
Samskaras. Wenn ein Mensch nicht mit Glauben in sich selbst
gefestigt ist, dann wird er mehr durch die Samskaras betroffen, als
durch die Karmas.

Karma ist Newtons 3. Gesetz. Buddha erlangte die Erleuchtung mit 694
Newtons 3. Gesetz. Jede Aktion hat eine Reaktion, in gleicher
Stärke und entgegengesetzt.

Was ist Meditation? Wenn du dich selbst leer machst und das 695
Universum in dich einlässt.

K*riya* bedeutet Handlung, eine Handlung, die den Setzling wach- 696
sen machen muss.

Die Seele ist die Kontakteinheit für den Einfluss und den Anschluss 697
der Unendlichkeit. Manche sagen, die Seele sitzt im Herzen, manche
sagen, die Seele ist im Solarplexus, manche sagen, sie ist im Gehirn.
Aber weißt du, wo die Seele ist? Sie ist die den Körper umfließende
Kraft, die die Mystiker den Bogen des Lebens nennen. Die Aura ist
die äußere Projektion, und der Bogen ist die innere Projektion. Der
Bogen ist der Punkt des Kontaktes zwischen dem Astralkörper und
dem grobstofflichen Körper.

Was wird Christus-Bewusstsein genannt? Wir nennen es Kunda- 698
lini, wenn ein Mensch sein Potenzial in Aktivität entfaltet.

Kreative Meditation ist die Situation, in der ein Mensch die Umge- 699
bung schaffen kann, in der ein Mensch zum Menschen zu sprechen
vermag.

Gruppen-Bewusstsein ist ein Übergangszustand. Es ist der Zustand, den du auf dem Weg vom individuellen Bewusstsein zum universalen Bewusstsein durchschreitest.

700

Der Yogi ist der, der mit seinem höchsten Bewusstsein vereinigt ist. Wenn die Flexibilität des Körpers das einzige Yoga ist, dann sind die Clowns im Zirkus die besten Yogis.

701

Warum sitzt ein Lehrer höher als ein Schüler? Der Schüler lernt vom 6. Zentrum *ajna*, der Stirn, der Demut; und der Lehrer lehrt aus dem Herzzentrum, dem 4. Zentrum, dem Mitgefühl, und projiziert die Wahrheit durch das 5. Zentrum, den Hals.

702

Kein Mensch kann dem körperlichen Tod entkommen. Was auch immer geboren ist, muss sterben. Der große Fehler ist, dass der Mensch beginnt, den Menschen zu huldigen, statt der Unendlichkeit zu dienen, der er dienen muss, die er durch Erkenntnis verstehen muss. Du kannst mich respektieren, mich lieben, mich versorgen, und ich kann dir all die technische Weisheit geben, aber du musst das Wissen erfahren, und das wird dann sein, wenn du sie durch Übung auf einer Ebene der Kreativität erfährst.

703

Was ist Intuition? Intuition ist eine Beziehung. Intuition bedeutet die Aufnahme einer schwingenden Einheit in Bezug zu deiner eigenen Existenz; das ist alles.

704

Die bewusste Regulation des Atems ist da, um die Balance der Energie im Nervensystem herbeizuführen.

705

Das Leben ist uns nicht gegeben, um es als Routine zu verbringen. Es ist uns gegeben als unser Schicksal. Es ist uns gegeben, dass wir Leben erfahren. Jeden Tag müssen wir sterben, und wir müssen diesen Tod erfahren. Und jeden Tag müssen wir wiedergeboren werden und müssen die Auferstehung erfahren.

706

Was ist Kundalini? Die Energie des Drüsensystems verbindet sich mit dem Nervensystem, um eine größere Sensibilität zu erreichen, sodass die Gesamtheit des Gehirns Signale wahrnimmt und interpretiert, sodass die Wirkung der Sequenz der Ursache dem Menschen sehr klar wird. Mit anderen Worten, der Mensch wird ganz und gar, in jedem Aspekt, bewusst. Das ist der Grund, warum wir es das Yoga des Bewusstseins nennen. So wie die Flüsse im selben Ozean enden, so endet alles Yoga im Aufsteigen der Kundalini im Menschen. Was ist die Kundalini? Sie ist das schöpferische Potenzial des Menschen.

707

Da gibt es kein Gut oder Schlecht, nur unsere Handlungen haben eine Wirkung, die gleich groß und entgegengesetzt ist. Du kannst dem 3. Gesetz Newtons nicht entkommen.

708

Wenn du deinem Karma entgehen willst, gibt es nur einen Weg, vibriere das Nam. Das Nam ist die Schwingung der Lobpreisung der Unendlichkeit.

709

Jedes Wort, das du sprichst, muss innerhalb von zwölf Jahren zu dir zurückkehren, und es muss dich im Verlauf von sieben Jahren greifen. Das ist ein Gesetz der Natur.

710

Möge dein Guru und dein Gott mit dir sein, mögen die Reiche aller Engel dich segnen, möge die Reinheit deines Herzens mit dir sein, möge deine göttliche Natur dir helfen, und möge dein Gott-Bewusstsein dich leiten.

711

Oh mein Geist, übe Yoga auf diese Weise: Esse, so viel du verdauen und ausscheiden kannst, leichte Speise. Schlafe, als wäre es ein Nickerchen. Freundlichkeit, Barmherzigkeit und Vergebung sollten dein tägliches Handeln sein. Der Mensch, der solches tut, wird Gott nicht finden müssen, denn Gott wird ihn finden.

712

Eine der drei Arten von Unrat, die wir in unseren Körper stecken, ist physischer Schmutz. Du solltest dich niemals überessen, denn der Körper muss länger arbeiten, um solches auszuscheiden. Esse, um zu leben, aber lebe nicht, um zu essen.

713

Niemand kann die unendliche Wahrheit sprechen, es sei denn, die Fläche des Geistes ist rein. Und was wir bieten, ist das technische Know-how, diese geistige Fläche zu polieren und sie glänzend und klar zu machen.

714

Der, den der Schöpfer mit der Gabe der Toleranz und Reaktionslosigkeit gesegnet hat, ist der höchst Gesegnete. Denn, weißt du, wenn du nicht reagierst, wirst du im selben Moment als ein Gott wahrgenommen? Wenn du reagierst, wirst du bekannt. Wenn du nicht reagierst, bist du unbekannt. Wenn du versuchst, das Unbekannte zu finden, ist alles, was du zu tun hast, nicht zu reagieren. Da ist nur ein ganz einfaches Ding, das du zu üben hast: reagiere nicht.

715

Geduld gibt dir die Kraft zu üben; Übung gibt dir die Kraft, die dich zur Vollendung führt.

716

„**I** am" – „Ich bin", ist nicht das vollständige Mantra. Es muss sein: 717
„I am, I am" – „Ich bin, ich bin." „Ich bin" ist das Begrenzte, und
„ich bin" ist das Unendliche, und der Verstand muss sich zwischen
den beiden hin und her bewegen.

Was ist ein Gebet? Du erzeugst einen Schwingungseffekt, der in die 718
grenzenlose Schöpfungskraft, die deine Psyche umgibt, reicht. Die
Antwort und Energie kommen von dort, und damit ist deine Aufgabe
getan, und dein Gebet hat funktioniert.

Die erste Handlung der Übergabe an Gott ist so zu leben, als ob Er 719
dich gemacht hat. Der zweite Akt der Übergabe an Gott ist das Haar,
welches Gott dir auf der Krone deines Kopfes gegeben hat, zu erhalten. Die dritte Handlung der Hingabe ist auf die fünf ursprünglichen
Klänge am Morgen zu meditieren und den Herrn zu loben, bevor die
Sonne sich erhebt.

Kreative Meditation ist, dass du in jedem Moment als ein Teil des 720
Universums existierst, während das ganze Universum ein Teil von dir
wird.

Da gibt es Stufen der Erkenntnis: Guru, Sat Guru, Siri Guru und 721
Wha Guru. Und Wha Guru ist Gott selbst. Da gibt es nur einen Siri
Guru, den Siri Guru Granth[18]. Da gibt es viele Sat Gurus. Sat Guru ist
die Ebene der Wahrheit, der vollständigen Wahrheit im Bewusstsein
des Individuums. Guru ist die Ebene des Bewusstseins, wenn du die
Regel anwendest. Guru bedeutet, du bringst das Licht. Guru meint den
Einen, der die Regel des Lichtes anwendet. Sat Guru ist der Eine, der
die Regel erfährt, durch die er das Licht erfährt. Siri Guru ist der Eine,
der stets in diesem Lichte weilt. Wha Guru ist die Ekstase der
Unendlichkeit.

---

[18] Siri Guru Granth Sahib ist das Buch der Sikhs. Es enthält den Klangstrom der Ekstase, das genaue Wort Gottes, wie es durch den Mund der Gurus gesprochen wurde. Nicht der Verfasser oder der Sprechende, sondern das Wort Gottes ist der Lehrer. Guru ist der, der das Licht göttlichen Verständnisses bringt. Sat Guru ist der wahrhaftige Guru, der uns die Wahrheit gibt und die Kraft, außerordentlich zu sein. Siri Guru ist der größte Guru, der uns Universalität, Erfahrung und die Kraft gibt, die Strahlen und den feinstofflichen Körper zu lenken, sodass sich uns die Essenz der Unendlichkeit erschließt. Wha Guru ist Gott, jenseits von Worten und Begriffen. Die Zusammenstellung der Verse wurde 1706 vom 10. Nanak, Guru Gobind Singh, in ihrer endgültigen Form beendet. Mit dem Hinweis, dass der Mensch sich vor nichts und niemandem, als vor dem Wort Gottes verbeugen solle, beendete Guru Gobind Singh die traditionelle Übergabe der Guruschaft auf einen Menschen.

Hier ist ein Lebensfahrplan. Für die ersten fünfundzwanzig Jahre 722 sammle Kenntnisse; für die zweiten fünfundzwanzig Jahre erfahre das Gelernte in seiner Manifestation mit Demut in der Würde des Selbst, das in Beziehung steht mit der Schöpfungskraft des Universalen, Unendlichen, welches in einem Wort bedeutet, Gott; für die dritten fünfundzwanzig Jahre verbreite deine Erkenntnis und teile sie mit anderen; für die letzten fünfundzwanzig Jahre bereite dich vor, zu gehen. Das gibt den Verlauf von hundert Jahren wider, und wenn der Tod früher kommt, großartig. Je früher, desto besser.

Wenn der Rhythmus des Atems mit dem Mantra nicht mit dem 723 Rhythmus des Geistes in Verbindung steht, wird das Mantra nichts bewirken. Das ist das Geheimnis.

Tantra ist das Geheimnis des Punktes, des *bindu*. Keine Wissen- 724 schaft ist absoluter. Tantra bedeutet die Weite und Länge, die Länge und Breite. Jedes Ding hat eine Länge und eine Breite. Und jede Länge und Breite entsteht aus einem Punkt, bindu[19]. Und Tantra ist dreifaltig – schwarz, rot und weiß. Spiritualität hat drei Dimensionen – die schwarze, die rote und die weiße. Wenn du über die schwarze Dimension sprichst, dann sprichst du darüber, Menschen mit spirituellen Kräften zu erschrecken und zu kontrollieren. Das ist schwarze Magie. Rote Magie ist das, wenn du Wunder vorführst; du tust dieses, um zu beeindrucken und Menschen zu überzeugen. Weiß ist es, wenn du demütig, universal, strahlend und wahrhaftig lebst, sodass, wenn jemand dich sieht, er Gott durch dich sieht.

Die lebendige Dreifaltigkeit bedeutet, die Wahrheit zu kennen, die 725 Wahrheit zu leben und sich hinzugeben für die Wahrheit; und wenn das den Tod bedeutet, so bist du willens zu sterben. Wir nennen das die Dreifaltigkeit der Haltung, und das Wort *Samadhi* bedeutet Haltung.

---

[19] Bindu ist der dimensionslose Punkt, die Schöpfung vor der Erschaffung, das Universum vor seiner Entstehung.

Meditation auf den Atem ist Meditation auf das Leben. Das ist sehr einfach. Dieser Klang des Atmens in dir ist ein unendlicher Klang, und solange dieser Klang des Einatmens und Ausatmens andauert, solange bist du am Leben. Man nennt das *Anhat*, das ultimative Mantra. Wenn du dieses Mantra nicht zu singen vermagst, kannst du auch kein anderes singen. Du musst dieses Mantra in jeder Religion singen, vor jedem Gott. Jeden Moment, da du dieses Mantra nicht zu singen vermagst, kannst du nicht existieren. Tu es voll Würde, rhythmisch und musikalisch. Das ist als *Pranayama* bekannt, und es ist sehr essenziell.
726

Welchen Namen Gottes du auch immer singen willst, tu es einfach. Es wird dich einstimmen. Es wird deine eigene Biofeedback-Maschine.
727

Der Mensch muss einen Zustand des Wachseins im Schlafe erreichen, den man *turia* - Zustand des Geistes nennt. Turia ist der Zustand, in dem du das Unbekannte des Individuums genauso wie das Wesen des Universums kennst.
728

Meditation bedeutet, dass der Geist vollständig klar und aufnahmefähig ist und Gott zu dem Menschen spricht.
729

Ohne schöpferische Meditation wird ein Mensch sich beladen empfinden; das Gesetz der Ablösung wird nicht wirksam für den Menschen, wenn er nicht schöpferisch ist.
730

Du kannst nicht ohne Meditation leben. Vorstellung und Handlung, mit Emotionen und Bewegungen, wenn diese mit der Lenkung der Persönlichkeit gemischt sind, das bedeutet Meditation. Du verbindest deine Handlungseinheit mit der Unendlichkeit, und die Frage ist, bist du kreativ oder unkreativ? Das wird deinen Weg des Lebens entscheiden.
731

Einige Menschen glauben, dass das Meditation ist: Zwanzig Minuten sitzt du auf dem Stuhl – *Sat*, *Sat Nam*, *Om*, *Gott*, *Jesus*. Oder du sitzt auf einer Matte mit einem gestreckten Rücken. Du denkst, das sei Meditation, aber das ist nicht Meditation. Es ist ein Bemühen, um dich selbst für Meditation vorzubereiten. Vorbereitung bedeutet aber nicht das ganze Ergebnis. 732

Es kann sein, dass du von transzendentaler Meditation und integraler Meditation gehört hast; da gibt es viele Etiketten. Genauso viele, wie es sie für Senfsamen gibt: gelber Senfsamen, Sonnenblumen Senfsamen, Sun Valley Senfsamen, California Senfsamen, Wisconsin Senfsamen, New York Senfsamen; Senfsamen ist Senfsamen. Es ist ganz ähnlich, dass im Yoga unterschiedlichen Techniken unterschiedliche Namen gegeben wurden. Hatha Yoga hat das gleiche Ziel, die Kundalini in einem Menschen zu erheben. Raja Yoga hat dasselbe Ziel. Bhakti, Shakti, Gian, Karma Yoga – alle haben dasselbe Ziel, die schlafende Kraft der Unendlichkeit im Menschen zu erheben; das ist alles. 733

Da gibt es zwei Wege, ein universales Bewusstsein zu erlangen: Der eine ist durch Not und Mühsal; der andere ist ein leichter Weg – mittels eines Mantras. Aber da gibt es eine Schwierigkeit mit Mantra Yoga. Wenn das Mantra das grenzenlose Sein und das Begrenzte verbindet und diese direkte Beziehung schafft, öffnet sich das Herz magisch, doch es ist ein wenig schwierig, den mentalen Fluss für solche Kapazität zu haben. 734

Konzentriere dich auf dieses Mantra – (*Wha, I am the great spirit.*) *Wha, ich bin der große Geist*. Das wird dir Erfüllung und viel Glück bringen. 735

Eine gewöhnliche Seele befreit sich von der Anhaftung an die Erde innerhalb siebzehn Tagen nach dem Tode. 736

Das magnetische Feld, aus dem der Strom des Lebens gespeist wird, berechnet die Gedankenwellen und ist mit dem höchsten Computer verbunden; das ist als Schicksal bekannt.

737

Ein Guru wird nicht für einen jeden gemäß sein. Jeder Verstand ist unterschiedlich. Da gibt es die drei Verstandesaspekte: die Gunas[20] – Sattwa, Rajas und Tamas. Eine Person, die, nach ihrer Gewohnheit, ein Guru ist, soll alle diese drei Gunas auf der Ebene des Guna versorgen. Ein Guru wird auf die erforderliche Ebene gehen und dennoch ein Guru sein. Ein Guru ist der flexibelste Mensch. Er muss auf jeder Ebene versorgen, weil er ein Kanal ist, durch den die Weisheit fließt; darum muss sein Kanal überall passen.

738

Ein Guru kann ein Wort der Weisheit sein und aus einem Menschen kommen, der einen Zustand geistiger Bewusstheit erreicht hat, um zu leiten, zu führen oder die grenzenlose Wahrheit unter allen Umständen zu sprechen.

739

Der physische Körper ist ein Tempel. Sorge für ihn. Der Verstand ist Energie. Reguliere sie. Die Seele ist die Projektion. Repräsentiere sie. Alles Wissen ist falsch, wenn die Seele nicht im Körper erfahren wird.

740

Verantwortungsbewusstes, ehrenhaftes und selbstbewusstes Handeln führt zu Gott-Bewusstsein. Das ist Karma Yoga.

741

In Bezug auf sein Temperament ist der Mensch ein sehr undiszipliniertes Tier; die höchste Errungenschaft ist, wenn er sich selbst diszipliniert.

742

---

[20] Sattwa Guna, das Göttliche, Ursprüngliche, Reine.
Rajas Guna, das Königliche, Bewegte und Bewegende.
Tamas Guna, das Unbewegte.

Was ist ein Mantra? Eines Menschen Schutz. Und worin liegt der   743
Schutz des Menschen? In der Existenz; eine rechtschaffene Existenz
führt zum Schutz des Menschen.

Du musst deine Beschränkungen hinter dir lassen und alle Metho-   744
den verwenden, um dein Bewusstsein zu erheben. Wenn du die
Kundalini verstehst, verstehst du das ganze Universum. Es ist deine
Existenz. Es ist die Kraft in dir, mit der du deinen Geist ausdehnen
kannst.

Wenn dein Herz rein ist, ist dein Bewusstsein rein, und wenn du   745
verleumdet wirst, dann bist du befreit. Die Verleumdung wäscht
unser Karma.

Sei wegen deines Wissens, deiner Erfahrung und deines Glaubens   746
geliebt.

Zuerst ist es die Mutter Guru Dev Mata. Dann ist da der Vater,   747
Guru Dev. Alle Beziehungen lehren uns eine Menge. Und dann ist
da der endliche Guru, der dich lehrt und in Richtung auf die Unendlichkeit vorantreibt.

Die fundamentale Bewusstheit ist das grundlegende Entfalten eines   748
Selbst, die Kundalini. Was ist die Kundalini? Es ist nicht die
Schlangenkraft. Kundalini bedeutet Kundal. Kundal bedeutet die
Locke des/der Geliebten. Die Spule in dir selbst zu entfalten, das ist
es, was Kundalini bedeutet – die Energie, die zu entfalten ist.

Die Definition von Persönlichkeit ist der besondere Strom von   749
Gedankenmustern.

Wer ist ein Buddhist? Der Eine, der die *buddhi*, die Sicht, hat, den Allgegenwärtigen in allem zu sehen.

750

Da gibt es fünf Elemente, aus denen der Mensch gemacht ist. Diese fünf Elemente haben fünf Sehnsüchte, und die fünf Sehnsüchte ziehen den Menschen nieder. Die fünf Elemente sind: Äther, Luft, Erde, Wasser und Feuer. Diese Elemente haben Ego, Zorn, Gier, Verhaftung und Lust. Wie kann ein Mensch daraus entkommen? Wenn er sich selbst zum Christ macht.

751

Nimm wahr, dass du existierst, dann verwandle dich selbst in einen Stern. Das ist eine sehr kraftvolle Meditation. Fühle deinen gesamten Körper, von den Zehen zum Scheitel, dann fühle deinen ganzen Körper als einen Stern. Dann sende dein Strahlen aus. Du verwandelst dich selbst in einen Stern. Projizierte eine Menge des Lichts. Dann trenne dich davon und betrachte es.

752

Wir sprechen und erkennen die Wahrheit, aber wir praktizieren sie nicht bis an dem Punkt der Perfektion. Wir müssen die Wahrheit mit einem Sinn der Perfektion üben, sodass niemand in der Position sein wird, uns davon wegzuführen.

753

Warum sind wir im Alten Zeitalter frustriert? Weil da nicht genügend Weisheit für uns ist, sie miteinander zu teilen. Der einzige Wert in der Alten Zeit ist Weisheit. Also, übe deinen Verstand in deinem Leben in der Kenntnis perfekter Harmonie in jeder Beziehung. Kommuniziere freizügig und lerne von jedem die Kunst des Lebens. Diese, die höchste Kunst auf diesem Planeten, muss gemeistert sein, sodass du wahrhaftig leben kannst.

754

Ihr Lieben, da sind die Guthaben und dort sind die Verpflichtungen. 755
Wenn ihr jung seid, bedürft ihr der Nahrung. Wenn Nahrung nicht
verfügbar ist, fühlt ihr euch verrückt. Wenn ihr erwachsen seid, wird
Sex zum Verlangen. Wenn ihr nicht auf diesem Gebiet befriedigt
seid, werdet ihr verrückt. Aber wenn ihr alt seid, ist euer Verlangen
die Weisheit. Wenn ihr keine Weisheit in eurem Schädel habt, seid
ihr verrückt. Diese drei Zeitalter sind durch diese drei Güter
gedeckt.

Wenn wir alle für unsere Fehler sterben müssten, wäre keiner von 756
uns am Leben. Wir begehen täglich Fehler. Aber da gibt es eine
schützende Hand, die uns allezeit umgibt. Es ist das Magnetfeld des
Lebens, die Psyche der individuellen Existenz. Die Psyche der
individuellen Existenz wird dein Magnetfeld, in dem das Schwin-
gungsniveau sich selbst auf den Kanal und scharf eingestellt erhält;
und das ist der Grund, warum wir darüber stehen, obwohl wir in der
körperlichen Form sind.

Wenn wir doch wissen, dass wir Unendlichkeit sind, warum kön- 757
nen wir nicht auch so funktionieren? Es ist eine große Frage. Wenn
wir wissen, wir sind Das, warum sind wir nicht in diesem Bewusstsein? Warum rutschen wir aus? Ein Mangel an Übung, das ist es,
warum wir ausrutschen. Wenn ein gewöhnlicher Mensch einen Berg
besteigt, wird er ausrutschen. Aber einer, der im Bergsteigen
trainiert ist und sich selbst in der Kunst des Bergsteigens erzogen
hat, wird nicht ausrutschen. Darum muss ein Mensch in der Kunst
des Menschseins trainiert sein. Wenn eine Person nicht in der Kunst,
verständig zu sein, trainiert ist, ist ein Ausgleiten unausweichlich.

Meditation ist etwas, dass dich verstehen machen kann, dass du ein 758
beschwertes Leben geführt hast. Wenn du meditierst, muss dir alle
Beschwernis, welche körperlich oder mental ist, erscheinen. Meditation ist eine mentale Reinigung. Eine gute Meditation ist es, wenn
aller Müll herauskommt. Alles, was in der Meditation erscheint, ist
dann ausgekehrt.

Zwischen dir und Gott, zwischen dir und der Kreatur und dem Schöpfer gibt es nur eine Verbindung, und das ist der Atem des Lebens. 759

Wenn ein Mensch diese Erde verlässt, geht mit ihm nichts außer seinem Willen, seiner Inspiration und seinem Bewusstsein; sein Ziel und sein Gegenstand; worauf er als ein Wesen geblickt hat. 760

Du hast dein existierendes Sein zu einem nicht existierenden Sein zu durchwandern. 761

Die Wirkung von Sa Ta Na Ma[21] ist, dass deine Existenz wahr wird mit der damit verbundenen Existenz des Universums. 762

Es ist unmöglich, dass du nicht irgendetwas erschaffst, weil du eine Schwingung bist; darum musst du schwingen und dein Schwingen wird eine Aktion bewirken und eine Reaktion in Bezug auf das universale Schwingen. 763

Das sind die vier Stufen des Bewusstseins: der bewusste Zustand, der Traumzustand, der Tiefschlafzustand und der im Tiefenschlaf bewusste Zustand. Dies sind die vier Zustände geistiger Aktivität. 764

Ich werde dir den Unterschied zwischen psychischer Kraft und Intuition darstellen. Die Kraft der Intuition ist eine Batterie, die aus der kosmischen Energie, die durch den Solarplexus gegeben wird, heraus wirkt. Psychische Energie ist eine Batterie, die aus der individualen Elektrizität, der individualen Energie, heraus wirkt. 765

---

[21] Siehe in der Einführung zur Erklärung

Alle zweiundsiebzig Stunden wandelst du dein körperliches Selbst; innerhalb von zweiundsiebzig Stunden müssen alle Zellen deines Körpers sich wandeln. Was du jetzt für zweiundsiebzig Stunden bist, wirst du in den nächsten zweiundsiebzig Stunden nicht sein. Du wirst ein vollständig unterschiedlicher Mensch sein.

766

Dein Körper ist von einem Schutzfeld umgeben, das wird als eine ihn umgebende Kraft bezeichnen. Es ist das achte Kraftzentrum des menschlichen Leibes. Es umgibt dich und vermittelt zwischen der universalen Energie und deiner individuellen Existenz. Wenn die äußeren Schwingungen negativ wirksam sind, übermittelt es ein Signal an das innere schützende Selbst für Beständigkeit und stationäres Existieren. Das ist der Grund, warum von Zeit zu Zeit, ein Mensch sich mental nicht bewegen will.

767

Dein elektromagnetisches Feld, welches für deine stille Kommunikation in diesem Universum verantwortlich ist, hat seinen Mittelpunkt in deiner Wirbelsäule. Wenn du nicht weißt, wie man gerade sitzt, so weißt du auch nicht, wie man gerade lebt, und nichts wird dir recht gelingen und in deinem Leben gerichtet sein.

768

Wir alle haben etwas gemeinsam. Wir alle atmen. Darum sind wir alle auch in Schwingung, und diese Schwingung ist die Quelle unseres Lebens. Wer auch immer einen Rhythmus innerhalb seiner eigenen Schwingung zu erzeugen vermag, um den herum wird die gesamte Schöpfung einen rhythmischen Klang erzeugen.

769

Gespräche oder Philosophie werden dir neue Dimensionen deines Lebens eröffnen. Körperliche Übung wird dir eine neue Dimension eröffnen und Meditation wird dir neue Sphären des Bewusstseins eröffnen.

770

Da gibt es vierundachtzig Haltungen im Yoga, aber sowohl die Menschen des Westens als auch die des Ostens haben sie alle in der Gebärmutter des Mutterleibes schon eingenommen; also seid ihr alle sowieso Yogis.

771

Wenn ein Mensch ein Mensch wird, wird er von einer Form umgeben; dann wird das Zentrum festgelegt.

772

Aktion hat eine Reaktion, gleich und entgegengesetzt; das ist Newtons Gesetz, welches niemand vergessen sollte. Wenn du mehr isst, wirst du Verdauungsbeschwerden haben. Was auch immer du tust, es wird dir in gleicher Münze bezahlt; aber wenn du deinen freien Willen dem Willen des Schöpfers unterwirfst, wird Er dich mehr lieben, als du Liebe von Ihm erwartest. Er wird dich zehnfach mehr lieben.

773

Da gibt es zwei Arten, das Göttliche zu finden. Der eine Weg ist den Solarplexus zu öffnen. Lade deine Sonnenzentren vollständig auf und werde eins mit dem Göttlichen. Der andere Weg ist, dass du dich konzentrierst und meditiert und diesen Klang in dir bekommst; das lädt deine Sonnenzentren direkt auf, und du bekommst das göttliche Licht. Dieser Klang ist ein sehr präziser Klang: Ek Ong Kar Sat Nam Siri Wha Guru!

774

Ohne einen Guru ist da Dunkelheit; jemand kann nicht ohne einen Guru, einen Führer, befreit werden. Solange wir nicht die feste Gewohnheit haben, uns selbst zu ermahnen, benötigen wir einen Wachmann, wir brauchen Übung. Bis wir unseren akademischen Abschluss erlangen, gehen wir auf die Hochschule.

775

Ein Guru, ein Lehrer, ein Messias, ein Meister, sie sind alle Männer des technischen „Gewusst wie". Wenn die Technik für dich nicht funktioniert, finde eine andere; und wenn auch diese nicht funktioniert, finde eine andere. Nicht jedes Teil passt in jedes Auto.

776

Hier sind die folgenden Stufen der Entwicklung des Menschen: 777
Zuerst willst du wissen; wenn du weißt, willst du erreichen, nach
dem Erreichen willst du meistern; nach der Meisterschaft willst du
erkannt sein.

Jeder von uns ist ein Radio. Schalte einfach irgendeine Frequenz 778
ein, und Musik wird zu hören sein; und diese Musik wird von deiner
eigenen bewussten Seele gehört, und das wird deine Wonne sein und
dein Glück. Nicht nur du, sondern auch deine Umgebung wird
wunderbar werden.

Wenn ein Mensch im Geiste so egozentrisch wird, dass er nicht 779
hören will, was in der Gesamtheit geschieht, verliert er den größten
ihm gegebenen Schutz. Das ist die außersinnliche Wahrnehmung.
Wir nennen es gemeinhin den sechsten Sinn.

Da gibt es die Persönlichkeit, die gesehen wird. Das ist die gesehe- 780
ne Persönlichkeit. Hinter dieser Persönlichkeit ist eine höchst
wichtige Persönlichkeit, das ist die unsichtbare Persönlichkeit.
Alles, was gesehen wird, hat eine unsichtbare Entsprechung, alles,
was bekannt ist, muss seine unbekannte Entsprechung haben.
Unbekannt ist ein Gott. Wann immer ich das Wort Gott benutze,
benutze ich es stets mit dem Konzept eines Mastercomputers. So
also, sehr wissenschaftlich ausgedrückt, muss etwas Bekanntes sein
Unbekanntes haben, etwas Sichtbares sein Unsichtbares.

Der erste Lehrer ist die Mutter; der nächste Lehrer ist der 781
Vater, dann ist es die Umgebung und dann Gott. Wenn ein Mensch
voll Hingabe ist, ist seine Schwingungswirkung ganz klar. Wenn die
Wahrheit ganz eindeutig oder die Schwingungswirkung vollständig
in die komplette Hingabe der Annahme aufgelöst ist, wird die
Individualität zur Gesamtheit, weil alles nichts anderes ist, als ein
Bewusstsein, und Bewusstsein nicht ohne Schwingung zu existieren
vermag. Also gibt es kein Bewusstsein ohne Schwingung.

Da gibt es eine Realität, die wahrgenommen werden muss. Ich bin 782
Unendlichkeit. Ich bin nicht Gott, noch bin ich ein Zufall Gottes. Ich
bin nicht dies. Ich bin nicht das. Ich bin nicht jetzt, ich bin nicht
dann. Wer bin ich? Ich bin eine Struktur, ich bin ein *Bunter*. Was für
eine Struktur hat es? Ein *Bunter* hat eine *Mantra*schwingung. Und
das *Mantra* muss ein *Juntra*, eine Dimension, besitzen. Und ein
Juntra muss ein *Tantra*, einen Kern, besitzen. Und ein *Tantra* muss
ein *Untra*, eine Essenz, eine Manifestation, haben. So entstehen
Bunter, Mantra, Juntra, Tantra und Untra – fünf Ebenen, fünf
Dimensionen. Dieses *Bunter* muss das *Untra* Sat Nam manifestieren. Sat bedeutet Wahrheit, Nam bedeutet Identität. Die Identität
dieses *Bunter* ist Sat; und wie kann es ausgedrückt werden? Durch
rechtschaffenes Leben.

In allen Religionen und Sprachen wurde der Geber des Wissens auf fünf Arten definiert. Guru bedeutet das technische „Gewusst wie". Wenn du das technische „Gewusst wie" besitzt, kannst du es mit einem anderen teilen. Das ist deine Aufgabe. Das ist meine Aufgabe. Ein Guru ist einer, der technisches „Gewusst wie", der die Formel mit anderen teilt. Sat Guru ist der Eine, der wahrhaftig mit Mitgefühl den Einen im Teilen dieser Formel beobachtet. Normalerweise verstehen wir dieses Wort falsch. Der Sat Guru ist der Eine, der die Wahrheit manifestiert hat. Sat Guru ist der Eine, der den Schüler durch diese Wahrheit hindurchgehen lässt, aus sich selbst. Dann kommt Siri Guru. Dieser Titel kam mit dem Wort Siri Guru Granth Sahib. Alle Gurus jener Zeit nahmen die Sprache und die Wahrheit von allem das da existierte und haben sie in ein Buch und ein Wort gebunden. Die Menschheit begann es Siri Guru zu nennen, weil es schwierig ist, ein Siri Guru zu sein. Als ein menschliches Wesen muss ich mich selbst ausdrücken. Siri Guru drückt sich nicht selbst aus – nur auf eine Weise. Es ist die Aufgabe des Siri Guru, eines, eindeutig durch alle Zeit mitzuteilen. Das ist der Grund, warum alle Schriften Siri Guru sind. Sie sind die gebundene Wahrheit. Wha Guru ist einfach. Du beginnst mit einem Guru und du endest mit einem Guru auf der menschlichen Ebene, weil das Endliche mit dem Unendlichen verbunden ist. Atem ist das Geheimnis.

Gebet

Möge Sein Licht das deine sein. Möge Seine Liebe herrschen, möge Seine Gnade herrschen, und möge dieser Tag im Bewusstsein verzeichnet sein, um mit dem höchsten Bewusstsein zu verbinden. Oh, Urheber dieser Schöpfung, schaffe solche Umgebungen, dass sie uns auf dem Pfad der Rechtschaffenheit, der Demut, der Wahrheit und der Liebe führen. Gib uns die Macht zu geben, gib uns die Macht zu geben, gib uns die Macht zu geben. Deine Essenz, oh Gott, ist Geben, so wir dass, was Du uns gabst, die Unendlichkeit, bis zur Unendlichkeit geben mögen, dass sich die Waage Dir entgegenneige, damit wir in Dir Glück, Liebe und Seligkeit finden.

Sat Nam

Über Yogi Bhajan

Yogi Bhajan wuchs im Punjab auf, in einem Gebiet, welches heute zu Pakistan gehört. Da er ein außergewöhnliches Kind war, ließen seine Eltern ihn mit verschiedenen hervorragenden Lehrern des Yoga und der Meditation studieren und religiöse Studien betreiben. Noch jung meisterte er das Kundalini Yoga und begann dann Weißes Tantra Yoga zu erlernen, bei dem Männer und Frauen unter der Führung eines Meisters zusammen meditieren, um ihr Unterbewusstsein zu reinigen. Er absolvierte die Hochschule mit einem Abschluss in Wirtschaftswissenschaften und nahm dann eine Stellung bei der indischen Regierung an. Seine innere Disziplin als ein Yogi bewahrend, lebte er das Leben eines gewöhnlichen Menschen, heiratete und erzog drei Kinder. Als er neununddreißig Jahre alt war, verließ er Indien, um nach Amerika zu gehen, wo er begann, Kundalini Yoga, Weißes Tantra Yoga und Bewusstes Leben zu lehren.

Yoga Bhajan war in Indien als ein Yogi und Heiler wohl bekannt und wurde oft gerufen, um Menschen, die auf andere Weise keine Hilfe gefunden hatten, zu heilen. Als Sohn eines Arztes verband er klassische Heilweisen, Diät und Pflanzentherapie, Massage und Chiropraktik mit dem angewandten Bewusstsein moderner medizinischer Wissenschaft. Seit er nach Amerika gekommen ist, hat er diese Techniken bei der Behandlung der in diesem Teil der Welt meist verbreiteten Leiden angewandt und seine eigenen Therapien für Drogenmissbrauch, Nikotinsucht, Alkoholismus, Stress, Burn-out und sogar Smogmüdigkeit entwickelt. Er hat die Bildung eines Netzwerkes für holistische Heilkliniken in

Amerika inspiriert. In diesen Häusern werden klassisch überlieferte Techniken mit modernen medizinischen Verfahren kombiniert, um anhaltenden positiven Wandel der Gesundheit eines Menschen zu bewirken. Seine Lehren über Nahrung und Gesundheit waren der Anstoß zur Einrichtung einer Kette von Golden Temple Restaurants und Nahrungsmittelläden sowie für die Entwicklung einer Vielzahl von Natural Health and Beauty Produkten, die auf seinen Rezepten basieren.

Yogi Bhajan ist der Gründer der 3HO-Stiftung (Healthy, Happy, Holy – gesund, glücklich, heilig), die Yoga-Unterricht, Meditation und vegetarische Küche in mehr als hundert Städten in aller Welt anbietet. Als ein hingebungsvoller Sikh ist er der religiöse Führer des Sikh Dharma im Westen. Er war der Pionier, der die Führer unterschiedlicher religiöser Richtungen zusammenbrachte, um den Weltfrieden und stille Verständigung zu fördern. Für seine Forschungen auf dem Gebiet der menschlichen Kommunikation erhielt er seinen Doktortitel.

Yogi Bhajan unterrichtet regelmäßig in Los Angeles und New Mexiko, gibt aber auch Kurse und Workshops in Städten überall in Amerika und Europa. Jeder, der an seinen Vorlesungen teilgenommen hat, weiß, dass dies eine einzigartige Mischung von Anekdoten und Fabeln, von Humor und Psychologie mit Metaphysik, Musik und Meditation ist. Er hat einen freilaufenden Stil, der alle Zeiten und Orte, von den Dialogen zwischen Krishna und Arjuna bis hin zu den Schrullen und Moden von Beverly Hills, umspannt. Während die Themen seiner Vorlesungen vielfältig und verschieden sind, vermittelt jede einzelne Vorlesung den Studenten die Erfahrung eines erhöhten Bewusstseins.

Für weitere Informationen über Yogi Bhajans Veranstaltungsplan wenden sie sich bitte an die Telefonnummer +1 505 7536341.

Um mehr über Kundalini Yoga-Unterricht in einer Gegend herauszufinden, rufen sie bitte die Internationale Kundalini Yogalehrer-Vereinigung unter der Nummer +1 505 7530423 an oder kontaktieren sie unsere Internetseite unter www.yogibhajan.com.

Weitere Bücher von Yogi Bhajan

Foods for Health & Healing: Remedies & Recipes
Nahrung für gesundes Leben und zur Heilung: Arzneimittel und Rezepte (bisher noch nicht übersetzt)
Dieses Buch baut auf den Lehren von Yogi Bhajan auf. Es vermittelt einen neuen Weg zur Gesundheit und zum Glücklichsein, der auf einer überlieferten ayurvedischen yogischen Medizin basiert. Die Grundlagen guter Ernährung, guten Essens sowie bekannte und ungewöhnliche Arzneien, Diäten, Fasten und über 50 einzigartige Heilrezepte sind darin enthalten. Themen sind z. B.: Die Auswahl deiner Speisen: Zubereitung, Servieren und Freude an deinem Essen; Verdauen und Ausscheiden deiner Speisen für sexuelle Potenz; spezielle Diäten für Männer, Frauen und Kinder: Und überlieferte Ernährungsrezepte für solche Leiden wie Erkältung, Grippe, Arthritis, Impotenz, Verstopfung, Verdauungsbeschwerden, Rückenschmerzen, Leberprobleme und vieles mehr.

Sadhana Guidelines
Kundalini Yoga, wie es von Yogi Bhajan gelehrt wird.
Kundalini Yoga ist die machtvollste und wirksamste Form des Yoga, die heute gelehrt wird. Es passt speziell zu den Bedürfnissen viel beschäftigter Menschen, die in einer hoch energetisierten Welt gelassen, strahlend und zentriert bleiben wollen. Dieses Buch enthält aus dieser alten Wissenschaft des Bewusstseins, wie sie von Yogi Bhajan gelehrt wird, komplette Anweisungen für deine tägliche Praxis.

The Golden Temple Vegetarian Cookbook
Das Golden Temple vegetarische Kochbuch (bisher nicht ins Deutsche übersetzt)
Von Yogi Bhajan. Der Meister des Yoga ist auch ein Meister in der Küche. Er gibt hier Rezepte zum Genuss und um deinen Geist, deinen Körper und deine Seele zu heilen. Viele der Rezepte werden in internationalen berühmten Restaurants verwandt.

The Ancient Art of Self-Healing *(bisher nicht ins Deutsche übersetzt)*
Von Yogi Bhajan. Dieses Buch ist eine bemerkenswerte Enzyklopädie von Heilmitteln und Anregungen zur körperlichen und geistigen Gesundheit. Es nimmt Bezug auf nahezu jeden Teil des Körpers und schließt Kapitel über Schwangerschaft, Geburt, über männliche und weibliche sexuelle Gesundheit und Hygiene, zur Über- und Untergewichtigkeit, zur Vorsorge und viele weitere ein. Herausgegeben ist es von Dr. Siri Amir Singh Khalsa, D. C.

Relax and Rejoice: A Marriage Manual *(bisher nicht ins Deutsche übersetzt)*
Von Yogi Bhajan. Wie man freudig verheiratet sein und auch bleiben kann. Band I enthält Vorlesungen zu den Themen Liebe, Kommunikation und spezielle Yoga-Übungen, die du mit deinem Partner bzw. deiner Partnerin durchführen kannst. Band II enthält Vorlesungen zu den Themen Ehe und Sexualität, einschließlich Übungen für die männliche Potenz und einer Menge von Meditationen für spezielle Eheprobleme.

Um diese Produkte und einen Katalog mit Hinweisen zu weiteren Publikationen und verwandten Gesundheitsprodukten zu erhalten, kontaktieren Sie bitte:

Ancient Healing Ways Catalog
Tel. 800-359-2940 (innerhalb der USA)
Tel. 505-747-2860 (außerhalb der USA)

Kontaktadressen[22]

Deutschland

3H-Organisation Deutschland e. V.
Gemeinnütziger Verein zur Förderung des Menschen durch Yoga
Breitenfelder Str. 8
20251 Hamburg
Tel. / Fax: 040 479 099
E-Mail: 3HO@iname.com
Web: **www.kundalini-yoga.de**

Sat Nam Versand
Marie-Curie-Str. 6
64823 Groß-Umstadt
Tel.:   06078 78 90-60
Fax: 06078 78 90-65
Web: **www.satnam.de**
Liefert Bücher, Audio- und Videobänder, Heiltees, Körperpflegeprodukte sowie Kleidung und anderes.

Bis auf den Sat Nam Versand befinden sich die unten aufgeführten Unternehmen in den USA. Das ist beim Telefonieren sowie beim Adressieren der schriftlichen Bestellungen zu berücksichtigen.

USA

3HO-Events
Rt. 2 Box 132-D, Espanola, New Mexico 87532
Tel.:   +1 505 7536341, ext. 121
Fax: +1 505 7531999

Für Fragen nach Information über Winter- und Sommersonnenwend-Zusammenkünfte, Weißes Tantra, Yoga Termine in den Vereinigten Staaten, Europa, Mexiko und Kanada sowie über spezielle Veranstaltungen und Camps.

---

[22] Diese Adressen wurden durch den Übersetzer eingefügt.

IKTYA (International Kundalini Yoga Teachers Association)
Kontaktperson: Nam Kaur Khalsa, Executive Director
Route 2, Box 4 Shady Lane, Espanola, NM 87532
Tel.:   +1 505 7530423
Fax: +1 505 7535982
Web: **www.yogibhajan.com**
                www.3HO.org
E-Mail: ikyta@3HO.org

Organisation der Kundalini Yoga Lehrer. Die Mitgliedschaft schließt die Nennung in dem jährlich herausgegebenen Verzeichnis der Lehrer sowie Preisnachlass auf ausgewählte Yoga-Produkte und Zusendung der Zeitung „Kundalini-Rising" mit ein. Die Organisation führt eine Liste der Kundalini Yoga Lehrer, weltweit.

Kundalini Research Institute (KRI)
Route 2 Box 4 Shady Lane, Espanola, N. M. 87532, USA
Tel.:   +1 505 7530562
Fax: +1 505 7535982

Ancient Healing Ways
Route 31 Box 259, Espanola, NM 87532
Tel.:   +1 505 7472860
Fax: +1 505 7472868
Web: **www.a-healing.com**

Liefert Bücher, Audio- und Videobänder, Kräuterrezepturen, Malas, Heiltees und Körperpflegeprodukte nach Rezepten von Yogi Bhajan.

Golden Temple Enterprises
Box 13 Shady Lane, Espanola, NM 87532
Tel.:   +1 505 7530563
Fax: +1 505 7535603
Liefert Video- und Audioaufnahmen des Unterrichts von Yogi Bhajan, einschließlich der Musik, die bei den Meditationen Verwendung fand.

Cherdi Kala Music
1539 S. Shenandoah St., Apt #301, Los Angeles, CA 90035
Tel. & Fax: +1 310 5506893
Liefert CDs und MCs.

Weitere Übersetzungen von Yogi Bhajans Vorträgen
und Bücher von Dr. Splittstoeßer
werden auf den folgenden Seiten vorgestellt.

Über das Unterrichten

von Kundalini Yoga

Yogi Bhajan - 23. März 1990

übersetzt und herausgegeben
von Dr. Wulf Splittstoeßer
Ardass Singh Khalsa

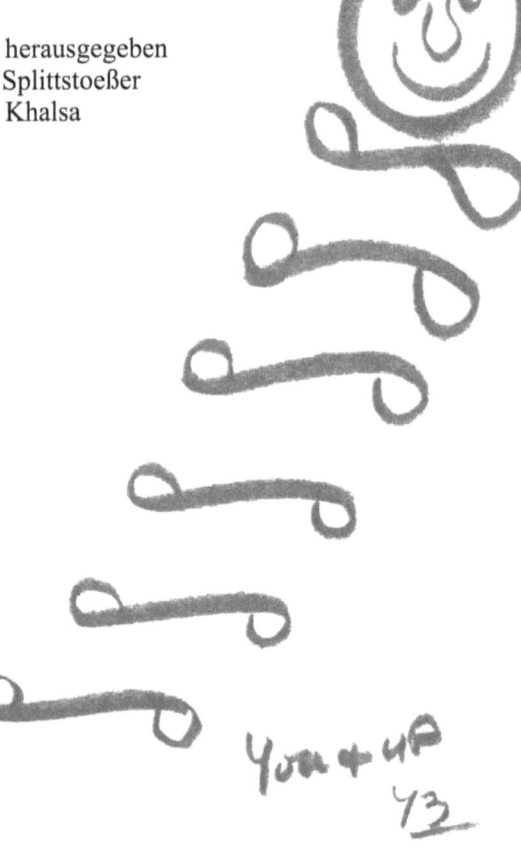

Kundalini Yoga ist für die gewöhnlichen Menschen. Es ist scharf, es ist präzise, es ist perfekt, es hat eine Wirkung im Erfahren.

Im Kundalini Yoga ist die Persönlichkeit eines Menschen nichts weiter als einfach ein Gefährt. Es ist nicht eine Identität. Kein Lehrer des Kundalini Yoga soll zum Guru oder irgendetwas Ähnlichem werden. Ich kann euch einen Lehrer, der irgendwelchen falschen Stolz in diesem Leben entfaltet, leicht vorstellen - in seiner nächsten Inkarnation könnt ihr ihn im Badezimmer finden, oder unter dem Küchenabfluss. Man nennt es „Küchenschabe".

Wenn ihr auf dem Platz des Lehrers sitzt, so würdet ihr dort nicht sitzen, wenn Gott euch nicht die Ehre verliehen hätte. Wie lange euch diese Ehre verliehen ist, das ist eine Frage eures Gebetes. Ist das klar? Ihr unterrichtet nicht mit eurer Persönlichkeit. Ihr seid ein Transportmittel - lasst es fließen.

Wenn die Hand Gottes dir die Fähigkeit verliehen hat, Lehrer zu sein, so sei einer. Stell es einfach nicht in Frage. Gib Gott eine Chance, durch dich zu fließen. Das ist alles. Lass es fließen. Möglich? Zweifelsvoll? Ich weiß, dass das etwas ist, worüber der Mensch voller Zweifel ist - lasst es gehen, lasst es fließen, lasst es sein. Sein, um zu sein. Aber gebt euch Mühe. Gott wird durch euch kommen.

Dr. Splittstoeßer Verlag
ISBN 3-934022-40-5

Die Stärke eines Lehrers

Yogi Bhajan - 17. Juni 1994

übersetzt und herausgegeben
von Dr. Wulf Splittstoeßer
Ardass Singh Khalsa

THE
BEGINNING
13

Was ist Kundalini Yoga? Es ist das Entfalten der verborgenen Kraft in die Ewigkeit selbst. Das ist eine einfache Sache. Die Energie ist da, und ihr seid da. Es bedeutet einfach, dass ihr sie bekommt und gebt. Verteilt sie. Gebt freudig, gebt couragiert, gebt rein. Ihr könnt niemals verletzt werden. Und ihr werdet niemals arm dabei sein.

Ein Lehrer ist keine besonders liebenswerte, angenehme Persönlichkeit, weil das Frühstück des Lehrers aus dem Ego seines Schülers besteht, seine Mittagsmahlzeit ist die Persönlichkeit des Schülers und zum abendlichen Tee bringt er ihn in solch eine Klemme, dass er nicht in der Lage sein sollte, da herauszukommen. Sein Abendessen besteht darin, ihn mit dem Angesicht des Todes zu prüfen und zu sehen, ob er besteht oder nicht. Nun, das sind die vier Verantwortlichkeiten eines Lehrers.

Das Problem mit euch ist, dass ihr dieses Übungsyoga, ich nenne es „Jerk Yoga" - Hauruck-Yoga - lehrt. „Oh, verbindet dies, koppelt das, diese Haltung, jene Haltung ..." Das nennt ihr Yoga? Vergesst das! Ihr esst alles, tut alles, rennt überall herum, keine Fragen, keine Disziplin, nichts. Zwanzig Minuten meditieren, und ihr seid göttlich? Vergesst das!

Stellt euch selbst eine Frage: „Was willst du sein?" Willst du ein Lehrer und ein Heiliger sein, oder willst du einfach ein Lehrer und einer der größten Schwätzer sein? Ist dein Körper eine Manifestation der Reinheit, Frömmigkeit und Macht Gottes, oder bist du einfach eine Täuschung? Ich will euch das nicht fragen. Das müsst ihr euch selber fragen.

Dr. Splittstoeßer Verlag
ISBN 3-934022-41-3

Die Methodik des Lehrens,

Teacher Training & Projektion

Yogi Bhajan - 15. Juni 1996

übersetzt und herausgegeben
von Dr. Wulf Splittstoeßer
Ardass Singh Khalsa

Den Lehrer in sich selbst respektieren!

Ein Lehrer, der nicht den äußersten Erfolg hinsichtlich des Respekts vor sich selbst erreicht hat, der irgendeinen Zweifel in sich trägt und sich selbst unterminiert, indem er dauernd denkt, er ist ein Mensch, der ist kein Lehrer.

Wenn ihr ein spiritueller Lehrer seid, wird Gott euch geben, was Er euch geben will; ihr könnt es nicht verdienen. Weder vermögt ihr es zu lernen, noch könnt ihr es verdienen.

Die Schönheit eines Lehrers und die Pflicht eines Lehrers ist es, nicht er oder sie selbst zu sein. In dem Moment, in dem ihr nicht länger ihr selbst seid, werdet ihr ein reiner Kanal der Energie. Zwischen euch und Gott gibt es in dem Augenblick keinen Unterschied mehr. Es ist nicht euer Problem, was dann geschieht.

Lehrer sein bedeutet qualifizierte, geordnete Uneigennützigkeit. Absolut!

Ein Schüler ist wie eine Speise. Er kommt, er wird gekaut, er wird verdaut, er wird entsaftet, und sein Unsinn wird ausgeschieden. Und der Körper, der das mit einem Menschen macht, ist ein Lehrer. Versteht ihr das?

Ich brachte die Lehren, so wie ein Lkw die Früchte bringt. Wo ist der Unterschied? Ein Rohr bringt Wasser. Und sagt das Rohr etwa: „Ich bin so gut und so großartig, ihr müsst mich zuerst küssen, bevor ihr ein Glas Wasser haben dürft?" Hah? Das ist euer Problem. Wenn ihr mit einem Studenten umgeht, seid ihr einfach ein Kurier des Wissens. Ihr nehmt seinen Müll entgegen und gebt ihm Essenz und Höhe und Liebe. Dann seid ihr ein Lehrer. Das ist eure Pflicht.

Mache einen Menschen besser, als du selbst es bist.

Dr. Splittstoeßer Verlag
ISBN 3-934022-42-1

Wir sind bereit!

Die herausragenden Merkmale

Yogi Bhajan - 19. Juni 1998

übersetzt und herausgegeben
von Dr. Wulf Splittstoeßer
Ardass Singh Khalsa

FiND mE

JETZT IST DIE ZEIT,
IN DER ES KEINEN MANN, KEINE FRAU UND
KEIN SPIRITUELLES EINSSEIN UND KEINE SEELENGEFÄHRTEN
UND MENSCHLICHE GEFÄHRTEN UND
GEFÄHRTEN-GEFÄHRTEN ODER WAS AUCH IMMER GIBT.
ES IST DIE ZEIT,
ALS EIN GEIST DER EINUNG ZUSAMMENZUFLIESSEN.
„ICH, MEIN, MEIN GEIST, IST WIR, DAS GÖTTLICHE DU, IN DIR.“

Vom „Ich“ könnt ihr zum göttlichen „Du“ gelangen. Das ist das Ziel, das ist euer Schicksal, und das ist der Vorgang.

Die Frage ist, in welche Richtung wollt ihr voranschreiten? Wenn die Erde 40 % ausmacht und der Himmel 60 % - dann ist es in Ordnung, ihr werdet Erfolg haben.

Ihr könnt euren Weg zurücklegen. Ihr könnt das Schicksal erreichen, und ihr werdet bewirken, dass viele euch folgen.

I MY MIND, WE THOU THEE.
ICH MEIN GEIST, WIR DU IN DIR.

Solange *du* existierst, existiert Gott nicht. Wenn *du* nicht existierst, dann ist Gott.

Dr. Splittstoeßer Verlag
ISBN 3-934022-43-x

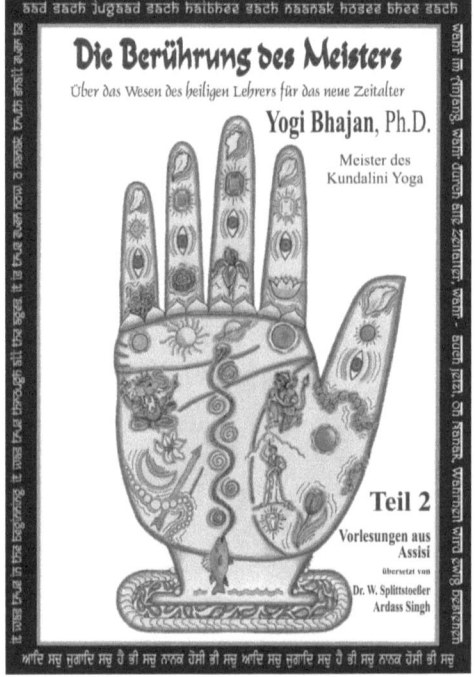

Dieses Buch ist für einen jeden Studenten der Wahrheit geschrieben. Welchen Pfad auch immer du gehst, dieses Buch wird dir das Verständnis der wahrhaftigen Bedeutung der Meisterschaft vermitteln. Yogi Bhajan, einer der pragmatischsten, spirituellen Lehrer unserer Zeit, erklärt in dieser hervorragenden Sammlung von Lehren aus seinen "Master's Touch"-Kursen, den Pfad des Lehrers. Er tut dies mit Überzeugungskraft, Leidenschaft und dem praktischen Sinn für die Herausforderungen des täglichen Lebens.

Es sind dies treffende und inspirierende Lehren aus dem und für das Wassermann-Zeitalter. Die dargestellten Yoga-Übungen werden dich herausfordern und revitalisieren, während die Meditationen dich erhöhen werden. Yogi Bhajan vermittelt eine Weltsicht und ein Spektrum des Bewusstseins, das weiter ist als alles, was dir zuvor begegnet ist. Er bietet dir einzigartige Erkenntnisse in den menschlichen Charakter.

■ Yogi Bhajans Meisterschaft bezieht sich auf viele Gebiete. Er ist ein Meister des Kundalini Yoga und der einzige lebende Mahan Tantric sowie der religiöse und administrative Führer des Sikh Dharma der westlichen Hemisphäre.

■ Er hat die Menschen des Westens jetzt für nahezu 30 Jahre gelehrt und inspiriert. Er hält ein Ph.D. in der Psychologie der Kommunkation, die er mit großer Meisterschaft bei seinen Lehren anwendet.

■ Im Unterschied zu allen anderen modernen Lehrern, benutzt Yogi Bhajan die heilige Wissenschaft des Kundalini Yoga, um für konkrete Besorgnisse und Probleme unserer modernen Welt Lösungen aufzuzeigen. Er lehrt: "Glück ist eines jeden menschlichen Wesens Geburtsrecht."

■ Er hat die 3HO-Stiftung (Healthy, Happy, Holy Organization - gesund, glücklich, heilig) gegründet, um Lehrer auszubilden, damit die Technologie des Kundalini Yoga vermittelt werden kann. Zurzeit gibt es mehr als 2.000 3HO-Kundalini-Yoga-Lehrer in mehr als 38 Ländern.

K.R.I. Publikation
Kundalini Research Institute
Dr. Splittstoeßer Verlag

Teil 1: ISBN 3-9340-2234-0
Teil 2: ISBN 3-9340-2235-9

DER VERSTAND

SEINE PROJEKTIONEN
UND VIELFACHEN FACETTEN

von **Yogi Bhajan, Ph.D.**
mit **Gurucharan Singh Khalsa, Ph.D.**

übersetzt und herausgegeben von
Dr. W. Splittstoeßer
Ardass Singh Khalsa

"3 funktionale Verstandesebenen, 9 Aspekte,
27 Projektionen und 81 Facetten ..."

Yogi Bhajan hat uns in diesem einen Buch Folgendes gegeben:

- ein zeitloses Erbe von Einsicht und Weisheit

- ein praktisches Werkzeug, dein Leben zu verbessern

- viele Einsichten in die Arbeitsweise des Geistes/Verstandes

- eine neue Vision über das Potenzial und die Möglichkeiten von Meditationen

- eine Einführung in die angewandte Psychologie der menschlichen Exzellenz und der menschlichen Werte, die Humanologie

- er hat Wege aufgezeigt, den Geist als deinen mächtigsten Freund und Diener, und nicht als deinen Herrn zu erfahren.

Yogi Bhajan versorgt uns mit einer Gebrauchsanweisung für den menschlichen Geist und die Seele, um uns bewusst und vertrauensvoll in das nächste Jahrhundert zu führen.

Er zeigt uns, wie wir den Geist/Verstand so kennen lernen können, dass er unser Verbündeter und nicht unser Problem wird. Dieses Buch ist reich an Techniken, die jeder Mensch nutzen kann, um den Geist/Verstand zu leiten und zu entwickeln.

Lehrer können dieses Buch als eine einzigartige Quelle für Meditationen nutzen. Therapeuten und Heiler können es verwenden, um ihre persönliche Sensitivität zu steigern und ihre Vorgehensweise effektiver zu machen. Lehrer und Studenten können dieses Buch nutzen, um die dynamische Verbindung zwischen dem Schüler und dem spirituellen Lehrer zu verstehen. Alle Suchenden können es als Quelle der Klarheit und des alten Wissens nutzen, um die Probleme der Gegenwart zu lösen. Jeder Mensch kann dieses Buch als einen persönlichen Führer verwenden, um jeden Tag noch authentischer und wirksamer zu leben.

Original bei KRI, USA
Dr. Splittstoeßer Verlag

ISBN 3-9340-2236-7

Bewusstsein
in der Chefetage
oder
Manual for a
Conscious CEO

Yogi Bhajans Lehren über
geschäftliche Beziehungen und
Kommunikation, vorgestellt von den Direktoren der
Khalsa International Industries and Trades

Übersetzt und herausgegeben
von Dr. Wulf Splittstoeßer
Ardass Singh Khalsa

© 2000

Yogi Bhajan, als weltlicher und religiöser
Repräsentant der Sikhs der westlichen
Hemisphäre, hat die Philosophie und die
Techniken des Yoga aufs Umfassendste in die west-
liche Welt gebracht. Aus einer geheimen Tradition
hat er ein jedermann zugängliches Gut gemacht.
Jetzt liegt es an uns, seine Darlegungen zu studieren und, soweit wir das wollen, zu übernehmen. In
diesem Buch stellen die Unternehmensleiter der
von ihm gegründeten Firmen dar, was Yoga und
Management für sie bedeuten.

Dieses Buch vermittelt Ihnen einen Hauch dessen,
was möglich ist, sobald Sie sich für den
Erfahrungsweg des Kundalini Yoga, wie es von
Yogi Bhajan gelehrt wird, und seine Anwendung in
Ihrem eigenen Leben sowie für die Integration in
Ihre Firmenkultur entscheiden.

„Bei allem was du denkst, sagst oder zu tun
beabsichtigst, frage dich, ob es dich oder die Welt
auf irgendeine Weise besser macht."

(Yogi Bhajan)

ISBN 3-9340-2237-9

BEWUSSTSEIN - ODER KRANK

Teil I: Über Manipulation, Impfen, Silva Mind, NLP und anderes

Gesundheit und Heilsein Erfolg
Wenn es dir nicht gefällt, ändere es!

- Ursache und Wirkung bedingen einander; die Stufen erklimmend, erreichen wir das Ziel. Treten wir z. B. daneben, fallen wir von der Leiter.
- Alles steht in einem Zusammenhang und hat einen Sinn. Es gibt keine Zufälle.
- Es gibt nur Lektionen, keine Misserfolge, kein Versagen.
- Alles ist Ansporn. Ablehnung kreieren wir selbst, während wir die Möglichkeiten einer Situation nicht erkennen.
- Wirtschaftliche Sicherheit ist kein Ersatz für spirituelles Wachstum.
- Unzufriedenheit entsteht durch Missachtung der Werte, Bedürfnisse.
- Spannung ist das Verhältnis zwischen Zielen und Möglichkeiten.
- Liebe ist Ausgang, Inhalt und Ziel.
- Gib mehr als du bekommen willst. Und wenn dich jemand zwingen wird, mit ihm eine Meile zu gehen, mit dem geh zwei. (Mt 5,41)
- Wir erhalten ein Vielfaches von dem, was wir geben.
- Verantwortung für Denken, Fühlen, Wollen, Handeln übernehmen, Selbstdisziplin anstelle von Bequemlichkeit setzen, stärkt.
- Im Einklang mit Natur, Menschen, Schöpfung und nicht notwendigerweise zu dem gegebenen Zeitpunkt begründbar handeln. Aufmerksam sein für jede Fügung, im Bewusstsein von Liebe und Kraft, geleitet durch die Wahrnehmung des Schönen.
- In Liebe, in Resonanz mit der Schöpfung, Menschen und Natur, Wahrheit erkennend, voranschreiten.

ISBN 3-9340-2232-4

BEWUSSTSEIN - ODER KRANK

Teil II: Über Lebensrhythmen, Impfen, Yoga und das Leben

Dr. W. Splittstoeßer

Angst vor Krankheit macht krank.

Ist es wahr, dass, sobald wir aus dem Lot geraten, das Bewusstsein unserer Herkunft, die Erkenntnis unserer Stellung in der Schöpfung, aus den Augen verlieren, wir anfällig werden für die Angst aus allerlei Katastrophenvisionen, die uns untergeschoben werden?

Lassen wir uns im Banne des Schreckens, der Hypnose aus Angst, leicht verleiten, uns noch weiter von uns selbst zu entfernen?

Waren wir zuvor noch nicht krank, so könnten wir es werden. Statt aus uns selbst zu gesunden, greifen wir dann oft gern zu den verschiedensten Hilfsmitteln und entfernen uns weiter und weiter aus unserer Mitte.

Zurück in unsere Mitte eine wunderbare Vision ...

ISBN 3-9340-2233-2

SKIZZEN ZUR HOMÖOPATHIE

Dr. W. Splittstoeßer

Kleinste Mengen können wirken. Wie sollte es da beruhigen, wenn in der Patienteninformation einzelner Impfstoffe zu lesen steht: XYZ "in Spuren"? Die Impfstoffe werden flüssig verpackt und auf dem Transport unzählige Male geschüttelt, ähnlich homöopathischen Arzneien bei der Herstellung. So können unerwünschte Wirkungen von Spurenstoffen sehr gesteigert werden.

Fieberhafte, eitrige Bronchitis, Pseudokrupp, Lungenentzündung, Lymphangitis, Infekte mit Scharlacherregern oder Haemophilus-Influenza und eitrige Ohrenentzündungen, um nur einige zu nennen, kann man versuchen, homöopathisch zu behandeln. Häufig werden wir Heilungen sehen.

Schon der Gedanke an den Versuch wird von vielen Kollegen als Kunstfehler gewertet. Wenn Sie dennoch von Ihrem Selbst-bestimmungsrecht für den freien Entscheid für oder gegen eine Behandlungsform Gebrauch machen wollen und sich für ein alternatives Vorgehen entscheiden, geht das nur, wenn ein enger Kontakt zwischen Arzt und Patient bzw. dessen Betreuern, evtl. mit mehrmaligem, täglichem Rapport, gewährleistet ist.

Möge ein jeder das erhalten, was er benötigt; mögen wir einander das geben, das ein jeder braucht, vor allem die ehrliche Zuwendung - Liebe.

ISBN 3-9340-2231-6

GOLDRAUSCH

Oder die Frage: Sind Impfungen notwendig,
geeignet und zumutbar?

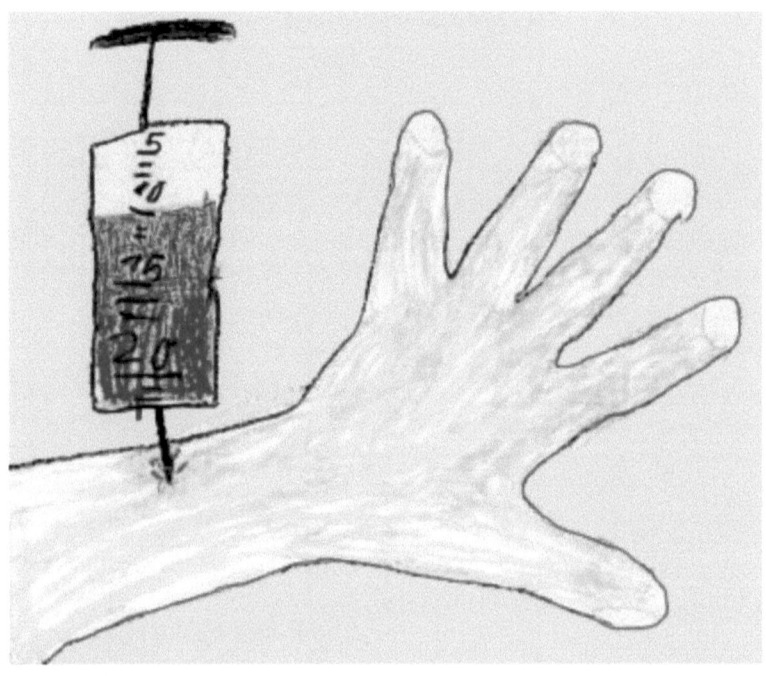

Dr. W. Splittstoeßer

Wenn Sie kein Formaldehyd, kein Quecksilber und kein Aluminium, z. B. in den Tomaten, die Sie essen, haben wollen, warum sollten Sie dann Ihre Kinder damit "spritzen" lassen. Fast alle Impfstoffe enthalten eine oder mehrere dieser drei Substanzen in unterschiedlicher Menge.

Die meisten von Ihnen, zumindest die, die einmal einen Um- oder Ausbau unternommen haben, diejenigen von Ihnen mit Asthma oder Neurodermitis, diejenigen mit allergischen Erkrankungen werden vermutlich wissen, dass es als gesünder gilt, Formaldehyd im Teppichboden und den Bodenbelägen, in den Spanplatten, im Lack der Schrankwand und in anderen Baustoffen zu vermeiden, damit der Körper nicht, mit Erkrankung reagierend, auf diesen Missstand hinweisen muss. Wenn dem aber so ist, und dem ist so, muss es dann nicht Besorgnis erregen, dass **Formaldehyd**, **phenol-**, **aluminium-** und **quecksilberhaltige** Verbindungen in Impfstoffen zugelassen, bzw. als so genannte arzneiliche Hilfsstoffe zugesetzt werden?

Wenn Sie bei "Gen-Soja" und "Gen-Mais" nachdenklich werden, was passiert, wenn Sie erfahren, dass der moderne **Hepatitis-B-Impfstoff**, der als Einzelsubstanz sowie als Bestandteil von Mehrfachimpfstoffen Verwendung findet, **gentechnisch produziert** wird?

Dieses Buch stellt eine ungeheuerliche und provozierende Frage zur Diskussion:

Sind Impfungen vielleicht der Grund dafür, dass unsere Kinder und die Kinder dieser Welt, auf diese Weise behandelt, als chronisch kranke Menschen von den Produkten der pharmazeutischen Industrie abhängig werden?

ISBN 3-9340-2238-3

Dr. Splittstoeßer-Verlag

www.dr-splittstoesser-verlag.de

Direktbestellungen im Internet z. B. unter:

> **www.amazon.de**
> **www.bod.de**
> **www.libri.de**
> **www.satnam.de**

oder

> **über den Sat Nam Versand (Telefon: s. o.)**

> **bzw. über den Buchhandel**